SAUTER DANS LES FLAQUES

Les Éditions du Loir bénéficient du soutien de la Région Centre-Val de Loire, de l'État (DRAC Centre-Val de Loire) et de Ciclic dans le cadre de l'aide aux entreprises d'édition imprimée ou numérique.

ISBN : 979-10-94543-60-3

Dépôt légal Septembre 2021

Les Éditions du Loir
1 rue des Empereurs
28200 CHÂTEAUDUN

Dessin de couverture : © Alekuwka | Dreamstime.com

LAURENT BUCHHEIT

SAUTER DANS LES FLAQUES

LES ÉDITIONS DU LOIR

Avant-propos

Les objets, comme les êtres, n'existent pas seulement par la lumière qu'ils reçoivent mais par l'ombre qu'ils projettent.

Celle du petit garçon de *Sauter dans les Flaques* a un tel pouvoir de résilience qu'elle nous contamine de sa lumière.

Un parfum d'outre-enfance que Saint-Ex n'aurait pas renié.

René Manzor

Prologue

Bitche,
15 mars 1973

Les pleurs d'un nouveau-né déchirent cette calme nuit de mars. Un journal, abandonné au bas d'une porte, évoque une fin d'hiver particulièrement froide, un printemps qui tarde à venir. Pourtant, rien de tout cela ne m'empêche de pointer le bout de mon nez.

Les larmes d'une jeune mère accompagnent cette nouvelle vie… *Ma* mère.

Ma mère est la plus belle de toutes : des cheveux longs, de légers reflets roux, des yeux d'émeraude d'un vert si intense que son regard me traverse tout entier.

Le plus souvent, les premiers cris sont un signe de joie, d'amour, de promesses d'un avenir radieux. Parfois, ils annoncent des temps sombres et douloureux. Tout dépend de quel côté la vie vous oriente. Indéniablement, je n'allais pas commencer du bon côté. Dans la chambre d'hôpital qui avait vu mes premiers gestes, entendu mes premiers cris, je hurlais à tout rompre. Ma mère refusait de me prendre dans ses bras. Elle venait d'accoucher à nouveau à tout juste dix-neuf ans. Pour calmer mes sanglots, elle demanda à sa voisine de chambre de le faire à sa place.

Bien entendu, je ne m'en souviens pas, mais c'est ce qu'on m'a rapporté, bien des années plus tard. Et, rien que d'imaginer cette étrangère me prenant contre elle dans sa chaleur pour me sécuriser, pendant que ma propre mère la regarde ou, pire, ne la regarde même pas, aujourd'hui encore, j'en ai des frissons. Je ressens les battements de son cœur, sa douceur et son souffle chaud qui m'inondent de tendresse pendant que celle qui m'a engendré m'ignore.

Mes premiers réconforts et gestes d'affection sont venus de cette dame inconnue. Et, durant toute mon enfance gaspillée, mon Moi Petit a cherché à retrouver ce moment.

On dit que les premiers instants d'un être marquent sa vie entière. La mienne doit tout à cette étrangère qui a su calmer mes premières peurs et accompagner mon premier abandon.

Merci, Madame.

1

À fleur de peau

Les jours passèrent, puis les mois. Suivirent mes jeunes années dans cette ambiance qui n'est pas celle qu'on a l'habitude de voir autour d'un nourrisson. Quelques fragments de ma première enfance me reviennent spontanément en mémoire : mes parents, du moins ce que je concevais à l'époque comme parents, qui s'agressent, s'envoient des insultes à la figure ; leurs cris qui inondent la cuisine ; la frêle lumière du plafond qui projette leurs ombres sur le sol et les murs…

Tout était si brutal : des hurlements, des larmes, des coups, des ustensiles qui volent, des assiettes qui se brisent. Un climat de haine électrique, sans le moindre sourire ou câlin.

Un enfer à ciel ouvert.

Une violence sur laquelle vous n'avez pas la moindre emprise, mais qui vous modèle et vous impacte jusqu'au tréfonds de l'être. La froideur vous gagne, comme elle imprègne les pièces dans lesquelles vous vivez.

De cette maison au pied de la Citadelle, je ne garde que de vagues souvenirs. Une petite cuisine, juste après la porte d'entrée. Une chambre… oui, une seule chambre pour mes deux sœurs et moi, avec son matelas en mousse et ces housses toujours mouillées. Puis une autre pièce dans laquelle nous n'avions pas le droit d'entrer.

La chambre des parents.

Je me souviens juste de cette porte fermée.

Tout était sombre dans cette maison. L'impression que le soleil ne s'y levait jamais. Et puis le désordre… Il y avait une pagaille incroyable. Des tas de tout, un peu partout.

Aujourd'hui, je me dis que ma mère devait être en dépression et que je n'étais pas prévu « au programme ». Elle était à peine sortie de l'adolescence et avait déjà deux filles plus grandes que moi. Avec mes sœurs, nous partagions les mêmes draps humides. La plus grande dormait côté mur, la cadette au milieu. Et moi, côté porte. J'entends encore Odile, du haut de ses 5 ans, murmurer :

– Allez, on dort, maintenant. Sinon, on va se faire gronder.

Et moi qui lui chuchote :

– Tu tiens ma main, s'te plaît ? J'ai trop peur !

Nos mains serrées étaient une sorte de bouclier, censé nous protéger du venin que mon père répandait après quelques verres. Et, nous avions beau fermer les yeux et nous boucher les oreilles pour tenter de nous réfugier dans nos rêves, le vacarme nous poursuivait et les transformait en cauchemars.

Souvent, la nuit j'étais réveillé par des bruits d'abord diffus qui provenaient de la cuisine. Une violence verbale et physique dont je percevais les mots, les coups… j'avais tellement peur… je me souviens d'avoir bondi plus d'une fois hors du lit pour éviter d'y faire encore pipi… J'avançais en tremblant, pieds nus dans le couloir, espérant atteindre les toilettes avant de me faire remarquer. Mais leurs yeux, aveuglés par la colère, ne me voyaient même pas.

Ma mère était en pleurs, prostrée dans un coin de la cuisine, comme ces boxeurs, bloqués dans les cordes, qui ne parviennent plus à parer les coups. La morale au fond d'un verre, mon père frappait, et frappait encore comme pour se convaincre qu'il était quelqu'un. Parfois, il lui arrivait même de me bousculer sans me voir, tellement il était ivre. Je me souviens de l'expression de ma mère, à ce moment-là. Un mélange de crainte et de honte. Crainte qu'il s'en prenne à moi, honte de ne pouvoir rien y faire. Alors, elle détournait le regard et essuyait le sang sur son visage pour ne pas m'inquiéter, mais ses pleurs étaient toujours là.

Tout cela, je l'ai vu à deux ans. J'étais un enfant curieux.

Trop curieux.

Les jours se suivaient. Identiques. Je ne me souviens pas d'être sorti de cette maison. Pas de balades en poussette comme les autres enfants, pas de bonbons glanés à la boulangerie-pâtisserie, pas même une visite gratuite en haut de la Citadelle, rien. L'enfermement dans ce foyer où le jour ne rentrait pas et où la violence quotidienne était la seule distraction.

Une pénombre constante comme si l'on s'y cachait. Une tristesse qui allait jusqu'à ternir le peu de mobilier qu'il y avait. Elle s'immisçait dans votre corps. Vos yeux se vidaient, s'effaçaient. Peu à peu, vous deveniez cette tristesse.

Gris, froid, morne.

Quand je repense à mes deux premières années dans la maison de Bitche, c'est ainsi que je les vois.

La libération est venue avec ma première neige, comme si le Ciel avait envoyé une manne pour m'arracher à mes parents. Était-ce suite à une plainte des voisins, je n'en sais rien. Toujours est-il qu'un jour d'hiver, les Services Sociaux ont frappé à notre porte. Madame Ramet, avec sa grande pèlerine ivoire, se tenait debout sur le seuil, enveloppée d'une pluie de flocons. Elle a tendu des documents à ma mère et, tandis qu'elle les feuilletait, l'assistante sociale a remarqué ma présence dans le couloir. Elle s'est approchée de moi et s'est accroupie à ma hauteur. Puis elle a pris mes mains dans les siennes et m'a dit, de sa voix douce :

– Je viens te chercher, mon grand. Tu vas venir avec moi, d'accord ?

– Où ça ? ai-je demandé.

– Dans un endroit plus sûr où il y a plein d'enfants et de jouets.

J'hésitais... Y avait-il un endroit plus sûr pour un enfant que d'être auprès de sa maman ?

– Tu verras, me rassura-t-elle, tu seras mieux là-bas.

– Je veux pas, je... je peux pas laisser mes sœurs...

– Ne t'inquiète pas. On viendra les chercher, elles aussi. Comment tu t'appelles ?

– Laurent.

– Est-ce que tu as déjà vu la neige, Laurent ?

– Non, Madame. On sort jamais.

– Tu aimerais... sortir ?

Mon premier réflexe fut de hocher la tête. Alors Madame Ramet me sourit, se redressa et ramena ses cheveux derrière son oreille en disant :

– Va mettre ton manteau. Ta maman va préparer tes affaires.

Puis elle rejoignit ma mère et échangea quelques mots avec elle en murmurant.

Quelques minutes plus tard, ma main dans celle de l'assistante sociale, je sortais de la maison pour la première fois. Comment vous exprimer ce que je ressentais alors ? Aujourd'hui encore, je n'arrive pas à trouver les mots.

Tout m'émerveillait. Les flocons, bien sûr, mais aussi les gens dans la rue, les voitures, les arbres, les vélos ! Tout ce qui pour vous fait partie de la vie courante. Le manteau de neige était bien plus haut que moi et ma petite main en caressait la surface. Il ne faisait pas très beau, mais peu m'importait car je ne savais pas ce qu'était le beau temps. Je portais mon manteau noir à fourrure avec ses boutons rouges. Jusqu'à présent, je ne l'avais porté qu'à la maison, durant les hivers sans chauffage. Il avait une grosse boucle en plastique brillant et une drôle d'odeur. Elle sera toujours associée à la neige pour moi.

2

Tu seras mieux là-bas

Madame Ramet m'avait installé sur la banquette d'une Simca 1500, aussi blanche que la neige. Elle était accompagnée d'une autre personne qui conduisait. Le nez collé à la vitre arrière, je regardais la maison s'éloigner, *ma* maison que je n'avais pourtant jamais vue de l'extérieur. Elle disparaissait peu à peu dans la buée de mes respirations. Je dévorais des yeux les bâtiments de la commune qui défilaient autour de nous, comme pour me prouver que nous n'étions pas seuls à habiter à Bitche. Les éclairages s'allumaient sur notre passage, composant des formes et des couleurs qui se mélangeaient aux flocons. Autant de petits enchantements qui semblaient s'être donnés rendez-vous pour adoucir mon départ.

Mais, ce qui me frappa le plus, ce fut de découvrir, au détour d'une artère, la citadelle grandiose dont j'avais tant entendu parler. Ses hauts murs se découpaient sur le ciel enflammé. Tel un vaisseau spatial posé sur la ville, elle semblait en garantir la paix.

Tout s'estompait dans cette rêverie translucide : les cris de mon père, les pleurs de ma mère et les chuchotements de mes sœurs...

Mes paupières avaient du mal à rester ouvertes. Madame Ramet et le chauffeur discutaient entre eux. Mais leurs paroles se mélangeaient étrangement en un flot de syllabes réverbérées dont le ton changeait au gré des échanges.

L'arrêt du moteur me réveilla. J'avais dû m'endormir durant le trajet car dehors il faisait nuit. Ma portière s'ouvrit et Madame Ramet vint me rejoindre sur la banquette.

– On est arrivé, Laurent, dit-elle de sa voix douce. Tu as dormi plus d'une heure, tu sais ?

Je me redressai et j'aperçus, dans la lumière des phares, la silhouette du conducteur qui se dirigeait vers une grille en fer forgé rouge. La neige avait disparu.

– On est où ? demandais-je d'une voix endormie.

– À Metz.

Nous avons attendu un long moment devant cet imposant portail, austère et froid, unique ouverture d'une haute enceinte en béton rose. Quand le chauffeur revint enfin s'asseoir derrière le volant, les grilles s'ouvrirent dans un couinement strident.

La Simca pénétra lentement dans une grande cour pavée. Morne et grise, elle ne laissait que peu de place à la rêverie. Ses bancs et ses arbres étaient alignés de manière symétrique… Allait-on demander la même chose aux enfants ?

Au fond, se dressait un grand bâtiment avec d'innombrables fenêtres. Les volets à l'étage étaient fermés, mais une lumière chaude filtrait à travers les persiennes. Ceux du bas étaient ouverts et laissaient entrevoir, derrière des voilages, des dizaines d'ombres qui s'affairaient à leurs tâches. Il y avait là plus de monde qu'il ne m'en avait été donné de voir jusqu'ici. Sur le porche d'entrée, figuraient des mots que je ne savais pas encore lire. Madame Ramet suivit mon regard et comprit aussitôt ce que je me demandais.

– *La Providence*, dit-elle en souriant. C'est le nom de ta nouvelle maison.

– Ça veut dire quoi, « providence », Madame ?

– Certains y voient la main de Dieu, d'autres une chance qui arrive à point nommé.

La voiture se gara entre deux autres, tandis qu'un géant venait à notre rencontre. Rythmée par le cliquetis de ses trousseaux de clés, sa démarche rapide l'amena très vite jusqu'à nous. Il salua de la tête Madame Ramet et le conducteur, puis se pencha à la fenêtre pour m'examiner. Aucun mot ne sortit de sa bouche, mais ses petits yeux ronds semblaient me scanner avec l'efficacité d'un télépathe.

– Il s'appelle Laurent, déclara Madame Ramet en descendant du véhicule.

Elle me tendit la main et m'invita à sortir :

– On y va, mon grand ?

Sa voix douce tranchait radicalement avec l'ambiance sinistre des lieux. Je l'aurais suivie n'importe où, cette voix.

Malgré le chauffage, l'intérieur du bâtiment était froid et dénué de toute âme. Son long couloir sombre s'enfonçait vers un abîme qui semblait prêt à vous engloutir. De part et d'autre, des portes numérotées se faisaient face. Et, derrière chacune d'elles, une dizaine de lits gris à barreaux étaient alignés, avec toujours cette symétrie dérangeante. Les plus vieux perdaient leur peinture par endroits. Les plus récents, de moins bonne qualité, présentaient déjà des traces de rouille. Tous avaient une histoire à raconter. Mais les murs cloqués qui les encerclaient en conservaient jalousement le secret. Eux seuls auraient pu nous dire pourquoi le lino verdâtre, imitation carrelage, portait ces longues marques noires. Mon imagination fertile allait s'emballer toutes les nuits à la recherche d'une explication dont tout le monde, à part moi, se fichait éperdument.

En tant que nouvel arrivant, j'eus droit à une sorte de bizutage qui ne disait pas son nom : insultes, croche-pieds, vol de nourriture… Les rassemblements dans les couloirs étaient propices à tous les coups bas car celui qui frappait n'était pas identifiable. Dans cette jungle infantile, les plus grands faisaient office de prédateurs et les plus jeunes constituaient leurs proies.

La Providence était loin d'être « une chance qui arrive à point nommé ». C'était un purgatoire où j'allais devoir apprendre, la peur au ventre, à danser avec le diable. Certains moments étaient si durs que même mes larmes avaient du mal à couler. Je n'étais, ni de métal, ni d'acier, mais c'est bien dans ce foyer que l'on m'a forgé.

Un orphelinat est une prison remplie d'innocents, une caserne où l'on fait de vous un enfant-légionnaire. Les blessures de l'orphelin sont invisibles. Or, qui ne saigne pas ne peut guérir.

3

Plus vite les enfants, plus vite !

Contrairement à Bitche, le soleil de Metz se levait tous les jours. Et, à *La Providence*, il était hors de question d'être debout après lui. L'ambiance était stricte, minutée et rythmée. Tout le contraire de la maison.

Du premier jour de ma nouvelle vie, je garde une odeur d'urine et d'humiliation. Séparé de mes sœurs dans ce dortoir 27 qui grinçait, j'avais eu tellement peur, la nuit, que j'avais mouillé mon lit. Ce qui m'avait exposé d'emblée aux moqueries de mes camarades de chambrée et aux remontrances de Sœur Marguerite, la surveillante en chef.

– Au prochain pipi, tu nettoieras tes draps, déclara-t-elle sans la moindre compassion. Allez, lave-toi, maintenant et va rejoindre les autres.

Les autres... Sans l'aide d'une grande personne aimante et bienveillante, il était très difficile de se faire une place auprès des autres. Peu socialisés, les enfants instauraient entre eux des règles bien spécifiques et très dures. Les plus âgés avaient le dessus, forcément... Que voulez-vous qu'un petit, haut comme trois pommes, impose pour assurer sa sécurité ?

Le rejet, la violence, les coups et les insultes allaient être mon quotidien. Je ne me vois pas sourire, à cette époque-là. Je vois des larmes, des bleus, des menaces... J'entends des railleries sur mon nom de famille ou sur ma petite houppette au front. À l'âge où les autres enfants empilaient des cubes avec leurs parents, moi je me battais pour conserver mon quatre-heures.

Tous les soirs, il y avait le bain. Enfin, « bain » c'est un bien grand mot. Une salle froide, carrelée de faïences beiges, aux joints usés et noircis. On vous déshabillait sans plus de cérémonie, sans même vous expliquer ce qui allait se passer. On avançait en file indienne.

Certains pleuraient, d'autres, plus grands, jouaient à se pincer les bras en rigolant. Il faisait froid. Je grelottais, les bras croisés sur mon torse, les jambes serrées.

Quand vint mon tour, le géant au trousseau de clés qui m'avait dévisagé de ses petits yeux ronds à mon arrivée, me prit par les aisselles et me jeta sans ménagement dans la baignoire. Un jet d'eau rapide accompagné d'un brossage au savon qui piquait les yeux et on me passa comme un paquet à une première dame qui me rinça ; puis à une deuxième qui m'essuya.

– Plus vite, les enfants, plus vite ! criait le géant.

Entre chaque passage, l'eau n'était pas changée. Nous étions séchés trop rapidement, si bien que nous étions encore mouillés quand nous enfilions nos pyjamas blancs à pois bleus. Le mien n'était pas à ma taille. Les manches étaient trop longues et tombaient sur mes mains. Mais ils n'avaient rien de plus petit.

Entassé dans un coin de cette grande salle d'eau, au milieu d'un groupe d'enfants que je ne connaissais pas, j'attendais dans les courants d'air que tous aient été « lavés ».

– C'est l'heure du coucher ! s'écriait alors le géant au trousseau de clés.

Et nous traversions le couloir en direction des chambres.

Les lits étaient surélevés. Une religieuse nous portait à bout de bras, les uns après les autres, et nous déposait, à la chaîne, sur le matelas. Puis elle remontait les barrières anti-chute en les faisant glisser vers le haut. Je me souviens encore de ce petit « clic » qui verrouillait les grilles.

Quelques minutes plus tard, une douzaine de pyjamas blancs à pois bleus se retrouvaient enfermés comme dans des cages à lapin. La religieuse s'éloignait, éteignait la lumière et, avant de sortir, nous répétait inlassablement :

– Récitez vos prières, les enfants. Ça vous aidera à vous endormir. À demain.

À la suite de quoi, elle verrouillait la porte derrière elle.

Le dortoir 27 ne restait pas silencieux bien longtemps. Les plus grands poussaient des hululements de fantômes pour faire peur aux petits. Et cela marchait à chaque fois. Certains pleuraient, d'autres criaient en se réfugiant sous leur coussin. Très vite, le chahut empêchait tout le monde de dormir.

Il ne m'a pas fallu longtemps pour comprendre que ceux qui « faisaient le cirque », comme disait Sœur Marguerite, recevaient le soir une cuillère de sirop, au goût infâme de goudron. Puisque j'en connais le parfum, vous vous doutez bien que j'en ai eu ma dose.

À bout de nerfs, j'avais décidé une nuit de rentrer chez moi à pied. J'ai tenté d'escalader la barrière anti-chute, mais j'étais beaucoup trop petit pour en atteindre le sommet. Alors l'idée me vint de passer à travers les barreaux.

Grossière erreur...

Ma tête y resta coincée. Plus je me débattais, plus mes oreilles étaient en sang. Mes cris finirent par alerter Sœur Marguerite. Elle soigna mes blessures, puis dégaina son sirop.

Le nectar de ce sommeil artificiel assommait les plus téméraires. Cela vous laisse imaginer ce qui se pratiquait sous l'appellation d'Aide Sociale à l'Enfance, dans les années soixante-dix.

Chaque nuit était un cauchemar, chaque matin, la promesse d'une journée strictement identique à la précédente. Les mêmes disputes pour les quelques rares jouets, les mêmes humiliations, les mêmes menaces des plus grands pour une tartine ou une pomme.

Parfois, des grandes personnes venaient à l'orphelinat comme on fait son marché. Et ils en repartaient avec un enfant. J'aurais tant aimé qu'ils choisissent certains grands méchants, mais c'était toujours les plus petits qu'on adoptait. Je me disais alors que je pouvais avoir ma chance ! Quand ils passaient dans les rangs, je les regardais avec de grands yeux émerveillés, mais mon air désespéré devait sans doute les faire fuir.

Avec le recul, je me dis que ces périodes sombres, que je ne souhaite à personne, ont dû forger mon caractère. Avoir trois ans et devoir se défendre comme j'ai dû le faire a forcément laissé des traces. J'ai vite compris que les grandes personnes fermaient les yeux. Croyaient-elles faire disparaître les horreurs en ignorant leur existence ?

Se coucher avec des pleurs, se réveiller avec des cris, elles étaient longues, les nuits à l'orphelinat. Par moments, il nous arrivait de nous consoler nous-mêmes pour ne pas sombrer dans la folie. Pour moi, la fuite restait la seule issue. Une nuit, je réussis, je ne sais comment, à passer par-dessus la barrière anti-chute. En équilibre instable, je parvins à glisser le long des barreaux jusqu'à ce que mes pieds nus touchent le sol.

Il y avait un petit rai de lumière sous la porte. Je m'en suis approché... J'ai voulu attraper la poignée, mais elle était bien trop haute. Alors j'ai gratté le battant pour y creuser un tunnel, gratté jusqu'à m'en retourner les ongles. Les larmes coulaient et je continuais de gratter et de taper de toutes mes forces. Je hurlais, même, pour faire céder cette barrière qui me retenait prisonnier. Les autres enfants joignirent leurs voix à mes efforts, comme dans ces prisons où la révolte de l'un embrase la colère des autres.

Lorsque la porte céda enfin, ce n'était pas sous mes coups. C'était sous la poigne de fer de Sœur Marguerite que j'avais réveillée et qui s'abattait sur nous comme un ange exterminateur. La blancheur de sa tunique et son parfum tranchaient singulièrement avec son regard sombre. Comprenant que je m'étais blessé, elle me saisit par les poignets et examina mes doigts ensanglantés. Puis, sans prononcer le moindre mot, elle m'entraîna avec elle. Elle marchait tellement vite dans le grand couloir que, pour la suivre, j'étais obligé de courir. Elle s'arrêta enfin devant une grande porte sur laquelle était écrit un mot que je ne savais pas encore lire. Elle toqua plusieurs fois et une voix masculine endormie grommela :

– Une minute, bon sang ! J'arrive !

Un homme en robe de chambre apparut dans l'entrebâillement de la porte.

– Désolé de vous déranger, Docteur, lança Sœur Marguerite, mais j'ai une urgence.

Pour toute explication, elle tira sur mes poignets à m'en faire mal et lui présenta mes mains. Le médecin chaussa ses lunettes rondes et examina les plaies. Certains de mes ongles étaient retournés. Ses yeux énormes, déformés par les verres correcteurs, se portèrent vers moi et me dévisagèrent.

– Comment tu t'y es pris pour te faire ça, toi ? me reprocha-t-il froidement.

Le plus souvent, les docteurs sont des personnes douées d'empathie, altruistes, mais la plupart du temps, seulement ! *La Providence* avait un médecin particulier, dans les deux sens du terme. Affecté à l'orphelinat, donc particulier, mais aussi avec une conception du soin bien à lui. Il était... particulier.

Ainsi, alors que je m'attendais à être soigné, il préféra m'assener un sermon bien salé. Comment pouvait-on être égoïste au point de faire passer ses petites angoisses avant le sommeil de tout un pensionnat ?

– Je veux... rentrer chez moi, osais-je bredouiller entre un sanglot et une crise de hoquet... Je veux rentrer... chez moi !

– C'est chez toi, ici ! rétorqua le docteur. Il serait temps que tu t'en aperçoives, fiston !

Il leva les yeux vers Sœur Marguerite et déclara :

– Je vais le désinfecter à l'alcool à 90. Ça lui servira de leçon.

Puis, se tournant vers moi, il ajouta :

– On va te montrer qui commande, mon gars.

J'avais trois ans quand je fis connaissance avec l'alcool à 90 degrés. Le sirop goudron, à côté de ça, c'était rien. Aujourd'hui, il m'arrive encore de me réveiller la nuit avec cette odeur et de me retrouver dans mon pyjama blanc à pois bleus, derrière mes barreaux rouillés. Et, sans savoir pourquoi, je me surprends à attendre qu'on vienne me chercher.

Cette oppression et cet enfermement resteront gravés dans mon cœur pour toujours, que je le veuille ou non.

4

Noël 1976 et son bébé de plâtre

Petit à petit, j'avais fini par me mélanger aux autres enfants. J'entendais les plus grands parler de sapin, de Père Noël, de cadeaux et de bon repas. Je pensais qu'ils inventaient ça pour se moquer de nous. Mais un jour, en arrivant au réfectoire, je n'en crus pas mes yeux.

Imaginez... un grand sapin, décoré de mille couleurs et de guirlandes clignotantes. Un sapin énorme, dressé dans la plus haute salle de l'orphelinat. Les tables, elles-mêmes, étaient décorées. Au pied de l'arbre, il y avait une multitude de boîtes emballées, avec de jolis rubans, des nœuds... Les plus grands affirmaient qu'il s'agissait de *nos* cadeaux de Noël et que, si nous étions bien sages, ils contiendraient des jouets.

Sur la commode près de la cheminée, une crèche avait été installée avec des santons hauts en couleur. Tous les personnages portaient leur attention vers un petit bébé en plâtre, allongé dans la paille. Un âne et un bœuf semblaient le regarder, eux aussi. La curiosité me poussa à interroger la plus jeune des hospitalières, Sœur Gabrielle, qui avait toujours été gentille avec moi.

– C'est qui, ça ? lui demandai-je en désignant le nouveau-né.

– C'est Jésus, répondit-elle.

– J'ai quoi ?

– Jésus, le fils de Dieu, précisa-t-elle en souriant.

– C'est qui, Dieu ?

– Celui qui a créé le Ciel et la Terre. Il t'a même créé, toi aussi.

– Il y a pas de quoi être fier, soupirai-je en baissant la tête.

– Pourquoi tu dis ça, Laurent ? Tu es un très gentil petit garçon.

– C'est pas ce que dit Sœur Marguerite.

La religieuse ne put s'empêcher de sourire à nouveau.

– Et il est où, son père, à Jésus ? insistai-je.

– Il n'est pas là.

– Comme le mien, quoi… Il a été abandonné, lui aussi ?

– Non. Sa maman est avec lui. C'est la dame en bleu qui est à genoux.

– Elle est belle ! Maman aussi, mais… elle vient pas me voir.

Émue, Sœur Gabrielle se mit à ma hauteur, prit mon visage entre ses mains et murmura :

– Si tu veux un miracle, Laurent, c'est au p'tit Jésus qu'il faut le demander. Ça s'appelle prier. Tu fais ton signe de croix et tu penses très fort à ton vœu.

Le cœur sur la main, Sœur Gabrielle m'apprit à faire « le signe de croix » et me recommanda, comme on rédige une ordonnance, de m'y plier tous les soirs avant de m'endormir et le matin, avant de me lever. Je me demandais comment ce petit bébé de plâtre allait bien pouvoir m'aider, mais j'aimais bien Sœur Gabrielle, alors je suivis ses conseils aveuglément.

Matin et soir, je courais dans les couloirs jusqu'à la crèche. Je faisais mon signe de croix et je pensais très fort à mon vœu. Puis je rejoignais les autres dans la salle de jeux.

Les jouets ne manquaient pas, à l'orphelinat. Mais la plupart étaient usés et souvent cassés. Ils avaient été offerts à des œuvres de bienfaisance et avaient déjà beaucoup servi : des peluches sans bras, des voitures sans roues, des puzzles incomplets. Mais, dans tout ce fatras de plastique, de ferraille et de bois, se trouvait mon jouet préféré : un hélicoptère bleu en métal, de la taille d'une main.

Le 24 décembre au matin, en allant faire mon signe de croix devant la crèche, je vis par accident, derrière une porte mal fermée, deux dames occupées à emballer des choses dans du papier jaune brillant ; le même qui enveloppait les cadeaux au pied du sapin. Même à trois ans, il n'en fallut pas plus pour m'intriguer. D'autant que l'un des jouets qu'elles empaquetaient faisait partie de ceux qui avaient mystérieusement disparu.

À mesure que l'heure avançait, notre impatience grandissait. Mais, à *La Providence,* l'organisation de Noël était bien huilée, on pourrait presque dire minutée. À seize heures, nous eûmes droit à un goûter exceptionnel, comprenant viennoiseries et chocolat chaud. Après l'avoir englouti en trois gorgées et laissé une petite moustache sucrée sur le bord de mes lèvres, je m'assis, comme tous mes camarades, à la place où figurait mon nom. La sono jouait des chansons de Noël, parmi lesquelles *Petit Papa Noël* de Tino Rossi, bien sûr. C'était si beau ! J'aurais voulu figer ce moment !

Quand sonna l'heure de la distribution des cadeaux, Sœur Marguerite réclama le silence pour que l'on puisse entendre le nom de chaque enfant durant l'appel. À tour de rôle, chacun se leva, reçut un présent et retourna à sa place. Il n'y eut pas de geste d'affection particulier, pas vraiment de sourire non plus. Bien sûr, les quelques chouchous reçurent une caresse sur la tête ou le menton, mais je n'en faisais pas partie. Plus la distribution avançait, plus les cris de joie et le bruit des papiers qu'on déchire rendaient l'audition des prénoms difficile. Quand on appela mon nom, je ne réagis pas, car mon regard s'était arrêté sur le jouet qu'un grand venait de déballer. C'était... un hélicoptère bleu ! *Mon* hélicoptère bleu ! Il faisait partie des jouets disparus !

Je courus vers le garçon pour le récupérer mais, loin de se laisser faire, il m'assena un coup de poing qui m'envoya au tapis.

Quand je repris conscience, j'étais entravé sur un brancard dans le bureau du médecin aux yeux énormes, celui-là même qui m'avait initié aux bienfaits de l'alcool à 90. J'eus tout juste le temps de l'entendre murmurer :

– Je vais te passer l'envie de te battre, moi.

Terrifié, je perdis à nouveau connaissance.

Je ne revis jamais mon hélicoptère bleu.

Jamais.

Le lendemain de Noël, en passant devant la crèche, je fis une étrange découverte. Le p'tit Jésus avait disparu. Sa couche en paille était vide. Pourtant, les autres santons continuaient de la fixer, comme s'ils ne s'en étaient pas aperçus.

J'étais triste. Moi qui venais le voir, matin et soir, avec mon vœu pour qu'il l'exauce, il m'avait abandonné, lui aussi ?

Je fis quand même mon signe de croix comme Sœur Gabrielle me l'avait enseigné, en fixant, à l'instar des personnages de plâtre, la paille que le p'tit Jésus avait occupée. Et je refis mon vœu, de toutes mes forces, jusqu'à ce que la voix familière de Sœur Gabrielle interrompe ma prière :

– Laurent ? Il y a quelqu'un qui désire te voir.

Je me retournai et je l'aperçus, mon vœu, à travers la fenêtre, dans la cour enneigée. C'était comme une apparition, quelque chose que l'on désire si ardemment que cela finit par se produire. Ce vœu que je renouvelais matin et soir, c'était ma mère…

Je courus dehors la retrouver. Il faisait si beau, ce jour-là ! La neige renvoyait la lumière du soleil en un million de scintillements de diamants. Et mon diamant à moi marchait dans ma direction. Elle avait un gros manteau brun avec un col en fourrure qui lui cachait les joues. Elle portait des gants noirs, un sac à main sur son épaule gauche et un long foulard blanc et rouge. Les pompons de l'écharpe se balançaient lascivement au rythme de ses pas. Elle portait de longues bottes brunes qui lui montaient jusqu'aux genoux.

En me voyant, maman pressa le pas pour me rejoindre plus vite. Elle s'accroupit devant moi, un genou dans la neige, et me serra dans ses bras. Son étreinte dura un long moment. Mais cela aurait pu durer un million d'années sans que je ne m'en lasse. Son souffle chaud… son parfum… J'étais le plus heureux du monde en cet instant. C'était *ma* maman et je l'aimais plus fort que tout !

Elle se redressa, et me tendit un petit cadeau en disant :

– Joyeux Noël, mon chéri.

Je m'empressai de le déballer… C'était un petit bus jaune. J'étais fou de joie. J'avais quelque chose à moi, maintenant. Juste à moi !

– Viens, me dit-elle tendrement. On va marcher un peu.

J'aurais pu marcher des jours durant, avec elle, si elle me l'avait demandé. J'aurais grimpé au-dessus du mur d'enceinte. On se serait enfuis, main dans la main, sans jamais s'arrêter. J'aurais pu traverser des océans, pour elle, franchir des montagnes. J'étais... l'enfant le plus fort du monde, à ce moment-là. Capable de balayer d'un souffle cet orphelinat et tous les pensionnaires qu'il contenait.

Nous nous arrêtâmes près d'un banc qu'elle avait déneigé avec son avant-bras et, au moment de s'asseoir, elle fondit en larmes. Je lui demandai si elle s'était fait mal, mais elle secoua juste la tête. Au bout de quelques secondes, elle finit par me dire qu'elle était très fatiguée et que... j'allais devoir rester un certain temps encore à *La Providence*. Elle ne m'avait même pas regardé dans les yeux pour m'annoncer la nouvelle. Moi, je la fixais du regard et elle, elle en était incapable. Elle préférait fuir cette réalité qu'elle avait sous les yeux.

Sans rien ajouter, elle me prit par la main et me raccompagna à mes geôliers. Elle disparut aussi vite qu'elle était apparue, comme ces étoiles filantes qui ne passent qu'une seule fois dans la vie.

Après son départ, j'ai pleuré, pleuré encore. Mon cœur ne battait plus, tellement elle l'avait déchiré. Il ne restait plus rien à briser... Il est faux de penser que les enfants oublient la souffrance comme ils oublient d'être sages. Je peux vous décrire très précisément comment elle passe de muscle en muscle, comment elle vous broie les os et le cœur. Je peux vous raconter comment elle déchire vos entrailles, comment elle vous transperce du sommet du crâne jusqu'au dernier orteil. Oui, je le peux. Et je n'avais que trois ans...

À l'âge où les autres enfants sont en plein éveil de leurs sens, moi je perdais les miens. Je ne ressentais plus rien. Un vide total.

J'étais l'enveloppe charnelle d'une âme morte.

5

Un arbre sans feuillage

La neige disparut et, avec elle, cette apparition qui avait détruit mon petit cœur. Peu à peu, le gazouillis des oiseaux changea. Celui des mésanges et des hirondelles prit le pas sur celui des merles. Entre deux averses, le soleil transperçait les nuages gris et l'orphelinat baignait dans une clarté bleutée. C'était une couleur étrange.

Au sol, les premières fleurs apparurent. Et les arbres bourgeonnèrent. La nature se réveillait peu à peu de sa longue torpeur hivernale. Mes compagnons de chaînes jouaient dans la cour à « cache-cache » et à d'autres jeux. Moi, je restais sur mon banc, les jambes croisées, à contempler une petite flaque qui me renvoyait mon reflet. J'aurais tant aimé pouvoir y sauter à pieds joints comme font les enfants heureux, les enfants sans problèmes, mais j'étais éteint.

Sauter dans les flaques…

Combien de coups de règle *La Providence* réservait-elle aux enfants qui osaient ce genre de provocation ?

Mon bus jaune ne me quittait plus. Je le faisais rouler sur les rebords de fenêtres, ou parterre dans une allée. J'imaginais qu'il me transportait loin d'ici vers une belle maison dans un petit champ, une maison que je pourrais appeler « chez moi » et que je ne quitterais plus.

Quand sonnait la cloche, je me promenais sans but dans les couloirs.

– Va jouer avec tes amis, me disait-on.

Je n'avais pas d'amis. Comment pouvait-on ne pas s'en être aperçu, après tout ce temps ?

Les grandes personnes prirent l'habitude de me voir errer dans les couloirs. L'air de rien, je surprenais leurs conversations. Ils pensaient que je ne pouvais pas comprendre, mais ils se trompaient. Les dures épreuves que j'avais traversées m'avaient obligé à grandir plus vite, à être attentif au monde qui m'entoure. C'est ainsi qu'un jour je compris qu'on parlait d'une famille d'accueil pour moi. Si je ne savais pas ce que voulait dire « accueil », le mot « famille » associé à mon prénom, avait une signification toute particulière.

Dans ma tête, tout s'enchaîna très vite. Je revis ce matin où mon voisin de chambre avait fait sa valise. Un monsieur et une dame l'avaient aidé. Puis la dame l'avait pris dans ses bras et ils étaient partis, sans faire d'histoire. Je m'étais précipité aux fenêtres du dortoir pour voir si quelqu'un allait les empêcher de fuir. Mais on les avait laissés faire. Ils s'étaient installés calmement dans leur voiture et avaient franchi l'enceinte de notre prison sans que personne ne les poursuive.

Mon cœur se mit à battre à tout rompre… Mon tour était arrivé. Qui était cette « famille d'accueil » qu'on avait sélectionnée pour moi ? Allaient-ils m'emmener loin ? Est-ce que maman pourrait venir ?

Ce jour-là avait commencé comme les autres : réveil, petit-déjeuner, salle de bains, habillage…

– Allez, les enfants, on se dépêche ! Plus vite !

Jusque-là, tout avait été normal. Mais, quand je sortis de la salle d'eau, je me retrouvai face à Madame Ramet. Le chauffeur des Services Sociaux était là, lui aussi. Ce qui signifiait que j'allais changer d'endroit.

L'assistante sociale paraissait gênée de me revoir, comme si elle se sentait responsable de ce que j'avais vécu là où elle m'avait placé. Une sorte de complice de l'indicible. Un mélange de pitié et de résignation. Je voyais dans ses yeux qu'elle regrettait mais, qu'au fond, elle subissait la situation, elle aussi.

Elle s'approcha de moi et s'accroupit à ma hauteur. Elle prit mes mains dans les siennes, exactement comme elle avait fait la première fois. Puis elle me dit, de sa voix douce :

– Je viens te chercher, mon grand. Tu vas venir avec moi, d'accord ?

– Où ça ? demandai-je en allant serrer mon petit bus jaune dans ma poche.

– Loin d'ici, lâcha-t-elle dans un soupir qui en disait long.

– Je serai mieux, là-bas ?

Ma question accentua sa mauvaise conscience car, d'une certaine façon, je lui renvoyais sa promesse au visage. Alors, elle me regarda droit dans les yeux, ce que ma mère n'avait pas osé faire, et me répondit :

– Beaucoup mieux, Laurent.

Rassuré, je hochai la tête et lui dis :

– Je vais chercher mes aff...

Le chauffeur m'interrompit en brandissant ma petite valise. Et je compris, qu'une fois de plus, je n'avais pas le choix. Tout avait été décidé sans que je sois au courant, comme si mon opinion ne comptait pas ou, pire, comme si je n'en avais pas ! Qu'est-ce qui pouvait justifier pareille inhumanité ? Un enfant était-il juste un « dossier », pour eux ? Un lit à vider pour faire place au nouvel entrant ? Les Services Sociaux n'étaient-ils qu'un bout de sparadrap que l'on colle sur les plaies pour cacher les blessures au lieu de les soigner ? Et que l'on arrache, quand bon vous semble, en déchirant la croûte qui essayait vainement de cicatriser en dessous ?

Je n'étais que le cri que l'on pousse, à ce moment-là. La douleur que l'on garde en soi quand ils arrachent le sparadrap : petit, inoffensif et sans paroles.

Un dossier.

Le gamin du dortoir 27 qu'il fallait placer au plus vite.

Quel sentiment étrange que celui d'être à la merci de gens qui vous sont totalement étrangers, d'avoir un jouet et une valise comme seuls derniers repères de ce qu'était votre vie il y a quelques instants à peine.

Arraché.

On m'avait arraché à ma famille, dix-huit mois auparavant et, aujourd'hui, on m'arrachait à la routine que je m'étais construite pour survivre. Comme si, dans la tête des docteurs, des psys et autres assistantes sociales, j'allais pouvoir, en un claquement de doigts, remettre le compteur à zéro et recommencer comme si de rien n'était…

« Il s'y fera ! » pensaient les spécialistes de l'enfance.

Aujourd'hui encore, je ressens cette froideur. Ce n'était pas juste les barreaux métalliques du lit, le carrelage de la salle d'eau et les nuits sans chauffage, non… c’était les regards du personnel, leurs gestes sans douceur, leur discipline sans âme…

Mes trois années d’existence n’avaient été jusque-là qu’hiver. J’étais comme un arbre sans feuillage, exposé aux vents, qui ne demandait qu’une faveur : avoir le droit de fleurir.

6

Ramené à la vie

Le chauffeur avait coupé le moteur et Madame Ramet était sortie. Elle ouvrit ma portière et me tendit la main avec un joli sourire. Signe qu'on était arrivé à Metz, chez ma « famille d'accueil ». Alors, j'ai serré très fort mon bus jaune et je l'ai rejoint à l'extérieur.

Par rapport à ma maison de Bitche, l'immeuble de la rue aux Arènes vers lequel nous nous dirigions était immense. Un garde-corps de couleur rose, une façade criblée de fenêtres et de balcons. Il fallait lever la tête très haut pour en voir le sommet.

Une fois le hall franchi, nous montâmes des marches, encore et encore. Madame Ramet proposa de me porter, mais j'avais ma fierté. Je ne saurais plus dire si c'était au troisième étage ou plus haut mais, au bout d'un certain nombre d'entresols, nous avons emprunté un couloir et nous nous sommes arrêtés devant une porte. Les murs, d'un jaune un peu usé, encadraient des portes brunes, de chaque côté. Toutes pareilles.

Le chauffeur sonna et, tandis que nous attendions, je me rendis compte que les mains de Madame Ramet jouaient nerveusement avec les boutons de sa pèlerine. La porte s'ouvrit. Devant moi, se tenaient deux grandes personnes inconnues d'une cinquantaine d'années. Et, derrière elles, deux adolescentes qui étudiaient, avec curiosité et appréhension, ce nouveau petit frère qu'on leur proposait. L'assistante sociale nous présenta rapidement, me lança un « tout va bien se passer » et tourna les talons. Le chauffeur lui emboîta le pas, me laissant tout seul, droit comme un « i », ma petite valise à mes pieds et mon bus jaune à la main.

L'homme se pencha vers moi et sut me mettre aussitôt en confiance. Il prit ma valise et m'entraîna avec lui par la nuque. Il accrocha mon manteau à côté de celui des filles et me fit visiter l'appartement.

Une douce odeur de cuisine et de produits d'entretien vint taquiner mes narines. Un téléviseur s'égosillait quelque part. Je ne pouvais pas le voir encore mais je l'entendais. De temps à autre, je me retournais et j'apercevais les filles qui jouaient à me suivre tout en se cachant.

L'homme termina son tour du propriétaire par les chambres : celle des parents, celle des filles et… *ma* chambre !? Elle n'était pas grande, mais c'était ma première chambre. J'allais pouvoir dormir seul pour la première fois de mon existence ! Il y faisait bon et le soleil y entrait généreusement…

– Voilà mon grand, dit la femme en m'apportant un verre de jus de fruits qu'elle venait de confectionner. Tu es ici chez toi, maintenant. Tu peux m'appeler Monique et lui, c'est Tonton. La brune qui se cache derrière la porte, c'est Juliette. Et la blonde, Marion, ma plus grande.

Les filles éclatèrent de rire et allèrent chercher le gâteau qu'elles avaient préparé pour moi. Il n'avait pas fière allure, mais il avait été cuisiné avec amour. De tous les ingrédients qu'elles avaient utilisés, c'était celui qui me manquait le plus.

De cette pâtisserie, émanait une douce odeur, sucrée comme la tendresse, sucrée comme une promesse. Ces gens étaient adorables et joyeux. Et je compris tout de suite que j'allais me sentir bien dans ce foyer, dans ce premier printemps que le destin me proposait. Qui sait, avec un peu de patience, peut-être arriverais-je enfin à fleurir ?

Avec le temps, je me suis attaché à eux. Monique m'apprenait à cuisiner, Tonton m'enseignait les échecs sur la petite terrasse et les filles me racontaient des histoires. J'étais en pleine recharge d'amour et ma famille d'accueil me donnait sans compter. Un déferlement de gestes d'affection, de sourires et de regards doux. Peu à peu, cette avalanche de tendresse m'a ramené à la vie.

La terrasse était un peu mon château fort. De ce point haut, je pouvais embrasser du regard tout mon royaume messin. Mais je n'avais le droit de m'y rendre qu'en compagnie de Tonton. Il ramenait une chaise de la cuisine, je m'installais sur ses genoux et nous contemplions ensemble le spectacle du quartier : le manège des voitures qui allaient et venaient sur le parking, les gens qui faisaient leurs courses ou promenaient leur chien, ou encore l'activité du petit square où Monique m'emmenait faire du manège. C'était notre rituel à tous les deux. Assis l'un contre l'autre, en silence, tout simplement.

J'adorais.

Sans parler de ce moment où un petit vent complice nous apportait les senteurs de la boulangerie-pâtisserie qui se situait juste en face.

– Laurent, c'est un signe que nous ne pouvons ignorer, me murmurait Tonton. Les pains au chocolat nous appellent…

Et nous descendions en chercher.

Je me rappelle enfin cette fameuse journée d'orage. Je me revois, les yeux levés vers le ciel, à guetter les éclairs, fasciné, hypnotisé. C'était ma première foudre, mon baptême du feu ! Et, tandis que je tremblais de tout mon corps devant ce spectacle titanesque, Tonton me murmurait à l'oreille :

– L'orage s'éloigne, Laurent. Pour t'en rendre compte, il te suffit de compter sur tes doigts le nombre de secondes qui sépare l'éclair que tu vois du tonnerre que tu entends.

En concentrant mon attention sur le comptage, il avait réussi à faire s'éloigner ma peur en même temps que l'orage. Pour la première fois de ma petite existence, je me sentais en sécurité quelque part.

Intouchable.

Invulnérable.

Alors, ressentant enfin ce qu'était le bonheur, je me surpris à faire comme les enfants heureux, les enfants sans problèmes. Je courus vers le balcon où l'eau s'était accumulée et je me mis à sauter joyeusement dans les flaques. En me voyant faire, Tonton me rejoignit dans les éclaboussures et sauta avec moi sous les yeux attendris de Monique.

7

Le droit d'aimer

Autour de moi, les saisons s'enchaînaient. Mais, en moi, il n'y en avait plus qu'une seule : le printemps. Monique, Tonton et les filles avaient réussi à chasser l'hiver de mes trois premières années. Cependant, l'espoir gelé de revoir ma mère était toujours là, prêt à surprendre mes beaux jours comme les Saints de Glace surprennent les bourgeons.

Je pensais à elle constamment, je faisais même le signe de croix de Sœur Gabrielle, matin et soir, en me concentrant sur mon petit bus jaune, mais maman ne vint jamais sonner chez nous.

Jamais.

Je l'attendais partout. Dans mes rêves, en regardant par la fenêtre, en allant en promenade… Partout. Et je m'interrogeais sur les raisons de son absence.

Je me disais que c'était forcément ma faute. Une faute à expier, une erreur à payer. C'était, je crois, le seul moyen pour l'enfant que j'étais, de continuer à espérer… *Espérer…*

Un jour, Tonton m'avait fait chercher la définition de ce mot dans son Petit Larousse. Et, quand j'avais bredouillé « *attendre avec confiance* », il avait hoché la tête en souriant et m'avait dit :

– Tu sais le faire ça, n'est-ce pas, Laurent ?

Et j'avais rougi. Comment cet homme savait-il si bien lire dans mes prières alors que ma propre mère, que j'attendais avec confiance, en était incapable ?

Il y avait des moments très durs, dans cette attente. Et Monique et Tonton le savaient. Ils essayaient, tant bien que mal, de compenser ce vide mais, une maman, même celle qui refuse de vous prendre dans les bras à la naissance, reste votre maman. Et, quand elle continue de vous ignorer, votre seule défense est ce sourire désincarné, sans profondeur, que vous affichez. Un sourire de surface, une dépression souriante.

Elle avait été mon meilleur masque pour cacher ma douleur.

Mais, avec Monique et Tonton, je n'avais pas besoin de masque.

Difficile de se persuader à quatre ans que, dans la vie, tout arrive pour une bonne raison. L'absence de ma mère devait en être une. Tout comme mes premières années, vécues dans une maison de violence, puis dans un orphelinat austère. Peut-être fallait-il en passer par là pour rencontrer Monique et Tonton ?

La Providence, cette fameuse « chance qui arrive à point nommé », j'en comprenais enfin le sens, chez eux. Mais la providence a ses raisons que la raison ne connaît point.

Le lendemain de mes cinq ans, je surpris Monique, assise sur mon lit, en larmes, en train de plier mon pyjama et de le placer dans ma petite valise. Pourquoi pleurait-elle ? La veille encore, tout n'était qu'insouciance et jeux dans le salon pour mon anniversaire. Mais il y avait eu ce coup de fil qui avait provoqué la mauvaise humeur de Tonton.

N'osant demander à Monique pourquoi elle pleurait, j'allais trouver les filles pour les questionner. Elles avaient le visage fermé, le regard lointain. Elles ne surent ou ne voulurent pas me répondre. Elles me firent juste un gros câlin et prétendirent devoir aller à la piscine.

L'instant d'après, elles s'enfermaient dans leur chambre, sans explication.

Une demi-heure plus tard, quelqu'un sonna à la porte. Monique alla ouvrir, les yeux rouges. En la suivant du regard, je ressentis quelque chose d'étrange que je n'avais jamais éprouvé auparavant : une douleur, mais pour une autre personne. Les larmes de Monique fertilisaient les miennes. J'éprouvais le besoin de la rejoindre à l'entrée, de m'accrocher à ses jupes. Dans l'entrebâillement de la porte, j'aperçus Madame Ramet, sur le seuil. Cela voulait-il dire que j'allais partir ?

– Bonjour Laurent, me dit-elle de sa voix douce. Tu te souviens de moi ?

Comment aurais-je pu l'oublier ?

Elle bégayait, avait du mal à aligner deux phrases. Alors, le chauffeur qui l'accompagnait habituellement prit le relais. Il avança d'un pas et s'adressa à Monique en ces termes :

– Essayons de faire vite, Madame, d'accord ? C'est mieux pour le gosse !

Il n'adressa même pas un bonjour à ce « gosse ». Tel un chirurgien qui préfère amputer que de prendre le risque de soigner, il me souleva comme un paquet et tourna les talons. Je tendis les bras vers Monique par-dessus ses épaules, comme pour l'encourager à me retenir, mais c'était inutile. La décision avait été prise par l'Aide Sociale à l'Enfance et celui qui m'arrachait à ma famille aimante n'était que son exécuteur. Alors j'ai hurlé le nom de Tonton, comme jamais je n'avais hurlé auparavant. Lui qui parvenait à éloigner l'orage, il saurait comment faire ! Mais mes cris se perdirent dans ce couloir, tandis que les visages de Monique et de Tonton disparaissaient derrière mes larmes. Quand le chauffeur s'engagea dans l'escalier, je hurlais encore. Il semblait plus occupé à m'empêcher de me débattre qu'à me réconforter. Madame Ramet suivait, quelques marches derrière. Sa voix douce tentait de me calmer, mais elle était aussi émue que moi. L'immeuble de la rue aux Arènes doit avoir, aujourd'hui encore, mes cris gravés quelque part dans ses murs.

Les Services Sociaux avaient à nouveau arraché le sparadrap qui avait servi à cacher mes blessures. Ce faisant, ils avaient déchiré la croûte que Monique, Tonton et les filles avaient pris tant de soin à façonner. Ils avaient rouvert mes cicatrices. Dans quel but ?

– Il faut à tout prix éviter que les enfants s'attachent à leur famille d'accueil, avait dit le chauffeur pour toute explication, comme on répète une leçon bien apprise.

À cinq ans, j'en étais déjà à ma troisième déchirure, à ma troisième dévastation. Mais les spécialistes vous diront qu'on ne se souvient pas de ce genre de choses, qu'un enfant se fait à tout. Je ne suis pas spécialiste, je n'ai pas étudié la psychologie de l'enfant, je l'ai juste vécue. Et, ce qui est certain, c'est que mon Moi Petit n'oubliera jamais la violence inouïe de ces arrachements. Pas même le temps d'une explication, d'un baiser d'adieu, d'un au revoir. Juste une pensée qui s'installe durablement dans votre esprit :

Je n'ai pas le droit d'aimer. Dès que je m'attache, on m'arrache.

8

Meisenthal

La Simca blanche avait cédé place à un petit bus bleu avec une bande blanche. Mesure d'économie, sans doute. À bord, il y avait une dizaine d'orphelins ou d'enfants à placer. On aurait dit un transport de prisonniers. Le chauffeur s'installa derrière le volant et Madame Ramet m'accompagna jusqu'au fond du véhicule. Les autres enfants ne se retournèrent même pas sur mon passage. Seules deux fillettes, à l'arrière, me suivirent du regard. Mais mes yeux gorgés de larmes n'entrevirent que leurs silhouettes. Je m'assis sur la banquette, les bras croisés, et me mis à fixer le sol en me balançant lentement pour recouvrer un semblant de calme.

Un long chemin nous attendait. Nous ignorions notre destination et la raison de notre transfert mais, après tout, pourquoi informer des enfants dont l'opinion ne compte pas ?

– J'ai une bonne surprise pour toi, Laurent, dit Madame Ramet pour tenter d'arrondir les angles. Odile ? Magali ? Vous reconnaissez votre petit frère ?

Les deux filles dont j'avais entraperçu les silhouettes l'instant d'avant se retournèrent vers moi et hochèrent la tête, dans un ensemble parfait. Je compris soudain que mes sœurs étaient dans le même convoi que moi. Comment avait-on pu me cacher cela, aussi ? Les avait-on prévenues, elles au moins, que j'allais monter à bord ?

Ce qui me restait d'humanité me poussa à bondir vers elles et à les serrer très fort. Nous pleurâmes ensemble pendant quelques secondes jusqu'à ce que le chauffeur nous fasse remarquer avec sa grosse voix qu'il était interdit d'être debout durant le transport. Madame Ramet m'encouragea à m'asseoir.

– On s'est pas vus depuis trois ans, Madame, protestai-je. On peut quand même…

– Se parler, oui, murmura-t-elle, mais assis.

– On va au même endroit ?

– Malheureusement non, mon grand.

– Pourquoi ?

Elle poussa un long soupir et murmura :

– Je ne fais pas les règles, Laurent.

– Dommage…

Ma remarque fit mal à mon assistante sociale. Je sentais, qu'au fond d'elle-même, elle désapprouvait l'inhumanité de ce système mais c'était son travail et elle non plus n'avait pas le choix.

– Ça va, Odile ? demandai-je en essuyant mes larmes. Et toi, Magali ?

Trop effrayées par la grosse voix du chauffeur, mes sœurs n'osèrent pas se retourner. Elles étaient tétanisées, comme à l'époque où mon père hurlait à la maison. Les remontrances stupides d'un homme autoritaire avaient fait ressurgir le démon de notre enfance. Et elles m'avaient privé de ce moment fraternel volé à la vie.

Bientôt, la circulation de la ville, ses feux tricolores et son tumulte laissèrent place au silence de la campagne et à la noirceur de la nuit. Une lune timide éclairait le paysage, au gré des nuages. Les sièges étaient durs, j'avais mal aux fesses et chaque nouvelle position ne me convenait pas bien longtemps. Les secousses du bus, combinées à la contrariété de ne pouvoir parler à mes sœurs assises à une longueur de bras, finirent par me rendre malade. Je me souviens d'avoir vomi. Ce qui eut pour effet d'éloigner Odile et Magali un peu plus.

Le car fit un premier arrêt à Forbach. Mes sœurs se levèrent, accompagnées de deux grandes personnes et je n'eus droit qu'à un dernier regard désespéré. Profitant de la pénombre, je tentai de les suivre, mais la main ferme du chauffeur m'attrapa par le bras et me cloua instantanément sur un siège.

– Nooon ! Lâchez-moi ! hurlai-je en me débattant de toutes mes forces.

Je revois encore Odile et Magali, résignées toutes les deux. Leurs regards, semblaient presque me demander « à quoi bon tout ce cirque ? » Le souffle pneumatique des portes qui se referment s'abattit sur nous comme une guillotine. Et le bus se remit en marche, comme si de rien n'était.

Il y eut d'autres arrêts sur la D83, d'autres descentes, mais j'étais comme anesthésié par la brusque apparition et disparition de mes sœurs. Mon esprit cherchait à comprendre le but de cette mise en contact éphémère. Comment Madame Ramet pouvait-elle penser une seconde que d'apercevoir mes sœurs, le temps d'un transport, parviendrait à compenser trois années de séparation ? Comment pouvait-elle y voir une « bonne surprise » ? Le simple bon sens voudrait qu'on ne réveille pas les plaies anciennes !

Le car s'étant vidé de tous ses prisonniers, le dernier arrêt fut pour moi.

Le chauffeur prit ma valise et l'assistante sociale me porta dans ses bras. En sortant du bus, je découvris, pour la première fois, le village de Meisenthal où j'habite encore aujourd'hui. Madame Ramet se dirigea vers une petite maison ocre à porte blanche, elle vérifia le numéro qui y figurait... Puis elle hocha la tête et le chauffeur la devança pour aller sonner.

Une dame en tablier bleu vint ouvrir, tout sourire, et me dévora des yeux. Je venais de faire connaissance avec celle qui allait devenir ma mère de cœur. Aussi simplement qu'un coup de sonnette, aussi spontanément qu'un sourire dans la nuit. Je ne le savais pas encore à ce moment-là, mais le bonheur prend parfois la forme d'une porte qui s'ouvre, d'un sourire qui vous illumine, d'une main tendue dans les ténèbres.

Madame Ramet me déposa dans les bras de cette parfaite inconnue qui me serra contre elle. C'était une étreinte douce et forte à la fois, le genre qui ne réchauffe pas seulement le corps, mais l'âme aussi. Une de celles qui ressemblent plus à une promesse qu'à un soulagement momentané. Cette promesse n'allait jamais faillir.

Jamais.

9

Ma famille de cœur

Les trois premiers jours furent un enfer pour ma nouvelle famille d'accueil. Je pleurais constamment, jour et nuit, en répétant comme une litanie :

« Je veux retourner chez Monique et Tonton ».

Marie et Lucien accompagnèrent mes insomnies en tentant de me raisonner. Ils m'accueillirent dans leur chambre pour adoucir ma solitude mais, à peine fermaient-ils les yeux, qu'ils étaient réveillés par mes sanglots. Et ils me trouvaient debout sur leur lit, avec toujours les mêmes mots bredouillés :

« Je veux retourner chez Monique et Tonton ».

À court de solutions, Marie se rendit avec moi à la Poste du village, seul endroit équipé d'un téléphone à l'époque. Elle joignit Madame Ramet et lui demanda de contacter Monique, afin que je puisse lui parler. Les réticences de l'assistante sociale n'entamèrent pas la détermination de ma nouvelle mère d'accueil. Elle était décidée à faire l'impossible pour mon bien-être. Avant de raccrocher, elle informa Madame Ramet qu'elle attendrait l'appel de Monique avec moi à la Poste toute l'après-midi, s'il le fallait. Ensuite, elle alla trouver le receveur et lui expliqua la situation afin qu'on nous passe l'appel en priorité.

J'étais impressionné par la volonté avec laquelle Marie menait cette quête comme si c'était la sienne. Pendant les heures d'attente, elle profita de la trêve accordée à mes larmes pour faire connaissance. Elle me raconta ce qu'avait été sa vie avec Lucien à Meisenthal, comment ce boulanger bon vivant l'avait charmée en lui apportant des viennoiseries à la sortie de la verrerie. Elle parvint même à me faire rire en évoquant cette manie qu'avait Lucien de prendre les couples en photo sans savoir s'ils étaient ensemble. Tout, chez cette femme, respirait la gentillesse.

Quand le receveur nous fit signe que notre appel était en attente, un sourire radieux illumina nos deux visages en même temps. Marie m'entraîna dans la cabine et elle parla en premier avec Monique pour lui expliquer la situation. Puis elle me passa le combiné.

Tout ce que j'avais accumulé de désespoir durant ces trois jours se déversa en quelques secondes. Monique m'écouta jusqu'au bout. Puis elle m'expliqua que Tonton et elle n'avaient pas le droit de me reprendre, qu'eux aussi souffraient de cette séparation et qu'il fallait que je sois aussi fort qu'eux. Elle me passa ensuite Tonton qui toucha la corde sensible chez moi, comme il savait si bien le faire. Il insista sur le fait que je devais donner une chance à ce couple qui m'accueillait, exactement comme je l'avais donnée à Monique et à lui quand je ne les connaissais pas. Il m'assura que tout allait bien se passer, exactement comme avec eux, et que, dans un an ou deux, ils viendraient me voir à Meisenthal. Tonton avait réussi à repousser l'orage, une fois de plus, et sans me faire compter sur mes doigts, cette fois-ci.

Les jours et les mois suivants commença l'apprentissage de ma nouvelle vie, dans ma nouvelle famille d'accueil, couvert d'attention et de délicatesse. Mes sœurs de cœur faisaient tout pour me mettre à l'aise. La plus grande, Cathy, treize ans, me faisait partager sa passion pour la musique et plus particulièrement pour celle de *Barkley James Harverst.* Les douces mélodies du groupe servaient de réveil à nos mercredis matins. Quant à Corinne, huit ans, son côté garçon manqué me tirait du lit tous les week-ends pour des activités sportives en tout genre : luge en hiver, grimpette aux arbres en été. Avec elle, j'avais presque l'impression d'avoir un grand frère.

Mais la peur m'empêchait de prendre racine. Depuis qu'on m'avait arraché au foyer de Monique et de Tonton, je savais que tout l'amour du monde ne pourrait m'épargner une énième séparation. Car la dernière en date n'avait pas eu lieu pour me protéger, comme les deux premières, mais pour servir je ne sais quel dogme stupide de l'Aide Sociale à l'Enfance.

J'étais donc en sursis, dans ma famille d'accueil. Une sorte de CDD. Et il m'était difficile de ne pas y penser en permanence. Chaque joie, chaque plaisir, chaque moment de partage pouvait être le dernier. Il fallait profiter au maximum de tous ces petits instants. Du reste, l'adulte que je suis devenu continue d'agir ainsi, aujourd'hui. Il jouit de chaque petite éclaircie. *« Tu ne sais pas ce que demain te réserve »*, me souffle mon Moi Petit à l'oreille. *Vis l'instant présent ! »*

Mes nuits à Meisenthal étaient encore peuplées de cauchemars avec Madame Ramet et son chauffeur qui venaient m'enlever, me tirer de mon sommeil par les pieds pour me traîner dans un bus bleu à bande blanche. Pendant longtemps, j'ai dormi lumières allumées pour être sûr de les voir venir. Puis j'ai commencé à revivre, comme tout le monde, avec un toit, des fêtes de famille joyeuses, un rythme quotidien. À Pâques, Marie et moi prenions le bus pour aller chercher nos lapins en chocolat à Bitche. Et, pour les fêtes de fin d'année, Cathy se déguisait en père Noël. Il y avait tout un rituel, quand il sonnait à la porte.

– J'arrive, Père Noël, j'arrive ! lançait Marie en nous faisant signe d'aller nous cacher.

Corinne m'entraînait avec elle dans la chambre pour qu'il ne nous voie pas. L'oreille collée à la porte, nous entendions sa grosse voix demander à Marie et Lucien si j'avais été sage. L'imitation très réaliste de Cathy m'émerveillait.

La simplicité, chez nous, était un luxe. Nous ne partions jamais en vacances. Il y avait tellement de choses à faire et à découvrir dans le pays de Bitche ! C'était le paradis. Et Lucien disait toujours : *« À quoi sert le paradis si on n'en profite pas »*.

Dans cette famille unie, je goûtais enfin la vie qu'ont tous les enfants de mon âge. La seule différence est que je ne portais pas le patronyme de mes parents de cœur. Et j'allais très vite être ostracisé pour ça, à l'école. Mon physique et mon nom de famille n'étaient pas très alsaciens. Et certains parents commençaient à jaser : *« Il s'est élevé lui-même, donc il est mal élevé »*. Et les enfants répétaient bêtement dans la cour de récréation ce qui se disait chez eux : *« Un bâtard reste un bâtard »*.

Mon Moi Petit avait du mal à comprendre ces choses-là. Pour lui, la couleur, les traits et le nom des gens n'avaient pas la moindre importance. Il y avait juste les copains avec lesquels il jouait et les autres. Quand j'ai raconté à la maison ce qui m'arrivait à l'école, mon père de cœur est allé voir l'instituteur pour se plaindre. Il lui a rappelé les principes de l'école républicaine parmi lesquels la fraternité et le refus de toutes discriminations avaient une large place. C'était un coup d'épée dans l'eau, bien sûr, mais un coup d'épée quand même. Et, chaque matin, lorsque le maître venait chercher son pain et ses viennoiseries, Lucien concluait la vente par un « fraternité » qui faisait office de piqûre de rappel. Comme disait mon père de cœur, *« Avec un croissant, on peut faire plus que de le tremper dans son café »*.

Puis vint ce fameux jour qui mit en péril le fragile équilibre que j'avais retrouvé. C'était un dimanche, je jouais tranquillement aux Lego sur la table de la cuisine. J'aimais bien m'installer là, car ma mère de cœur préparait souvent des pâtisseries et des plats pour le soir. Il y avait en permanence une délicieuse odeur. Jamais la même, mais toujours délicieuse. Depuis la fenêtre de la cuisine, je pouvais voir le potager où Lucien faisait pousser bon nombre de légumes. Un peu plus loin, il y avait les « rails », une voie désaffectée qui était mon terrain de jeu favori. C'était un endroit magique qui devenait tour à tour planète, vaisseau spatial, désert du Far-West, grotte secrète, lieu de rencontre d'agents secrets... Un monde de tous les possibles.

La sonnette de l'entrée m'arracha à mes pensées. Marie se tourna vers moi et se força à sourire en essuyant ses mains sur son tablier. Puis elle se dirigea vers la porte. Je savais qui se tenait derrière, car ma mère de cœur m'avait prévenu. Quelques jours plus tôt, Madame Ramet était passée pour lui dire que mes parents biologiques souhaitaient reprendre contact avec moi. Reste que cette première visite dominicale allait avoir un effet inattendu...

Lorsque Marie ouvrit la porte, elle se retrouva face à une femme qui n'était pas une totale inconnue pour elle. Ma mère partageait cette impression de déjà-vu mais, contrairement à Marie, elle savait exactement où et quand la rencontre avait eu lieu :

- C'est vous, n'est-ce pas ? déclara-t-elle avec un mélange de surprise et de haine. Vous étiez à l'hôpital de Bitche, le jour où j'ai accouché de Laurent. Vous l'avez même consolé à ma place.

Marie se tourna vers moi, à la fois désarçonnée par la situation et inquiète des conséquences que cette révélation brutale pouvait avoir sur moi. Dans ses yeux sidérés, je compris soudain que l'impensable s'était vraiment produit. Marie était cette voisine inconnue qui m'avait apaisé quelques heures après ma naissance, alors que ma propre mère se détournait de moi. Le destin nous avait à nouveau réunis, à notre insu.

– Vous voulez me voler mon fils, c'est ça ? reprocha-t-elle à Marie.

– Non, Madame ! Je vous jure que je ne savais pas que... comment aurais-je pu dev...

– Oh si, vous saviez, l'interrompit ma mère. Vous me l'avez presque pris des mains, ce jour-là.

– C'est faux ! Vous étiez... déprimée et votre fils était en larmes. J'ai juste accepté de vous aider...

– Et vous vous êtes portée candidate pour m'aider à nouveau, c'est ça ?

– Non. C'est l'assistante sociale qui nous a contactés. Demandez à Madame Ramet.

– Vous ne vous en tirerez pas comme ça, intervint mon géniteur. Ma femme est sa mère et vous n'êtes rien de plus qu'une baby-sitter à temps plein. Où est Laurent ?

J'étais caché derrière les jupes de Marie. Pour des « vrais parents », ils eurent bien du mal à me reconnaître. Pourtant, je me tenais juste devant eux. Cette confrontation forcée me rappelait, comme une gifle du temps, les périodes les plus noires de ma petite existence. Toutes ces nuits où vacillaient les lumières dans les cris et les pleurs. Cette violence et cette froideur étaient toujours là. Sans parler de la gêne que ces reproches généraient pour ma famille de cœur.

C'était trop pour mon Moi Petit.

Beaucoup trop.

Le soir venu, Marie vint me border dans ma chambre. Elle s'excusa de ce à quoi j'avais assisté. Elle tenait à ce que je sache que l'idée de remplacer ma mère ne lui avait jamais traversé l'esprit. Pas plus que celle de remplacer Monique. Elle était juste venue en aide, ce jour-là, à une toute jeune maman, trop déprimée pour prendre son fils dans les bras.

– Je n'avais aucun moyen de savoir que c'était toi, mon Laurent. Et encore moins celui d'imaginer que, cinq ans plus tard, le ciel nous réunirait à nouveau. C'est extraordinaire, tu ne trouves pas ?

– Ouais… souriais-je. Alors c'est toi qui m'as donné mon premier biberon ?

– Oui, répondit Marie, les larmes aux yeux.

Je me pendis tendrement à son cou en murmurant :

– Je t'aime, maman, tu sais ? Et je t'aimerai toujours.

La scène à laquelle j'avais assisté avait achevé de me convaincre. Je ne voulais plus de cette génitrice que j'avais aimé malgré elle et malgré moi. Mon sentiment d'amour inconditionnel s'était peu à peu transformé en un genre de mépris, voire de haine, au moins aussi intense qu'avait été mon amour. Je ne me perdais plus dans ses yeux d'émeraude. Sa splendeur d'antan avait perdu son éclat. Elle était devenue le reflet de tout ce que je ne voulais plus vivre.

Commença alors un nouveau combat : le droit parental contre la raison du cœur. Ma génitrice tentait de me récupérer, à coups de mensonges, de fausses promesses et de tablettes de chocolat.

Même à sept ans, on n'est pas dupe.

Cependant, j'allais devoir vivre à nouveau avec la peur constante de devoir quitter un foyer dans lequel je me sentais si bien ! Une famille qui m'avait donné sans compter. *Ma* famille ! Car, clairement, c'était ce qu'elle était devenue pour moi.

Quand Madame Ramet vint à nouveau voir ma famille d'accueil pour tenter de trouver avec eux une solution à ce nouveau dilemme, je n'avais pas le droit d'être présent. C'était une discussion de grandes personnes que l'on voulait m'épargner. Pourtant, c'était de mon avenir dont ils parlaient. Je n'eus donc pas d'autre choix que d'écouter aux portes.

J'appris ainsi que mes parents biologiques avaient déménagé en région parisienne et qu'ils avaient entrepris des démarches auprès de l'Aide Sociale à l'Enfance pour que je sois placé dans une famille d'accueil plus près de chez eux. Quelle merveilleuse idée que d'arracher un gamin à l'équilibre qu'il a enfin trouvé pour s'épargner quelques kilomètres en voiture !

C'en était trop pour moi.

Alors, bravant l'interdit, j'ouvris la porte et me mis à hurler, en larmes :

– Je veux rester chez moi !

Mon cri laissa place à un long silence. Même les aiguilles de l'horloge n'osèrent plus faire un tic. Je me revois encore, tout penaud, dans l'embrasure de la porte, tandis que les grandes personnes échangent un regard, puis se tournent à nouveau vers moi. Madame Ramet fut la première à parler.

– Je ne fais pas les règles, Laurent, tu le sais. Mais… si c'est ton choix, je me battrai à tes côtés pour que tu puisses rester… « chez toi ».

Cette dame, qui avait été présente à chacun de mes arrachements au point que je lui en fasse porter la faute, venait brusquement de passer d'oiseau de mauvais augure à alliée. Je compris soudain qu'elle était enfin prête à affronter sa hiérarchie, s'il le fallait, pour le bien-être d'un enfant.

Elle me tendit la main pour m'inviter à la rejoindre et, en un instant, chassa la noirceur de mon regard. Elle se tourna vers mes parents de cœur et leur demanda si elle pouvait s'entretenir seule avec moi. Les yeux remplis d'amour, Lucien et Marie se levèrent et je crois bien que quelques larmes perlaient sur leurs joues.

Je ressens encore l'odeur de ma mère de cœur quand elle est passée près de moi, toute en grâce et en douceur. Elle est ce doux parfum qui est toujours à mes côtés, même quand elle est loin. Elle est ce petit courant d'air qui m'enveloppe de douceur, un petit vent léger au printemps, un chuchotement d'amour inconditionnel.

Une fois mes Marie et Lucien sortis, Madame Ramet prit mes deux mains dans les siennes. Elle les caressa doucement avec ses pouces et me contempla un instant avec fierté. Puis elle m'invita à m'asseoir dans le fauteuil comme une grande personne. Elle commença à me poser plein de questions sur ce que je vivais « chez moi ». Je ne me rappelle plus lesquelles exactement, mais je pense avoir su lui raconter avec mes mots de sept ans le plaisir de se réveiller le matin sans peur au ventre, au sein d'une famille qui ne vous veut que du bien. L'échange dura un bon moment. Il y eut des sourires, des larmes, des petits chuchotements, des regards espiègles. Et notre entretien se termina sur des mots qui resteront à tout jamais gravés dans mon cœur :

– Tout ce que tu viens de dire, Laurent, tu vas me l'écrire et je défendrai ton cas devant la direction départementale de l'A.S.E. Et, si cela ne suffit pas, j'irai voir le directeur personnellement. Tu as ma parole.

10

Le Verdict

Mon père de cœur s'était mis en tête de parler de ma situation intenable aux politiciens de l'époque : les maires, les députés et autres élus. Il est vrai qu'en ce temps-là, les représentants du peuple n'hésitaient pas à mouiller leur chemise. Ils avaient plus de gouaille que ceux d'aujourd'hui, une vraie volonté de faire bouger les lignes.

Des réunions suivirent, certaines à la maison, d'autres plus discrètes à l'église car le curé du village s'était joint à notre croisade. Après plusieurs semaines de pourparlers, il fut décidé de porter mon histoire au-delà de la sphère des lois, de la placer dans le cœur des gens. Il y aurait tout bonnement une pétition dans le village pour que je puisse rester.

Les jours qui suivirent furent très éprouvants. Nous n'avions que très peu de temps devant nous pour obtenir un maximum de signatures. Avec l'aide d'un ami, j'allais de maison en maison, de rue en rue, en quête des précieux autographes. C'était un dernier combat pour ma liberté.

Au fur et à mesure que les feuilles se remplissaient, j'avais l'impression d'être un mendiant d'espoir. Face à chaque habitant, je devais expliquer ma situation, raconter ce qui m'avait poussé à venir sonner chez eux et enfin quémander un soutien charitable.

Quel sentiment étrange que de voir son avenir dépendre d'une pointe de stylo dans une main inconnue! Chaque fois qu'elle griffonnait sur la feuille, mon cœur battait la chamade et, chaque fois qu'elle refusait de signer pour des motifs futiles, cela me motivait plus encore.

J'ai entendu des mots durs. Aujourd'hui encore, j'ai du mal à imaginer qu'on puisse dire cela à un enfant. Mais les « bonnes familles » ont aussi leur raison que la raison ne connaît point.

Après avoir arpenté tout le village de long en large et en travers, je revins sur les maisons qui étaient fermées, lors de mon premier passage. Il me fallait un maximum de signatures, coûte que coûte. Cette pétition était mon cri qui porterait au-delà des lois et des esprits étroits dénués de sentiments. Elle était mon drapeau, ma petite tête d'épingle rouge sur une carte géographique, minuscule mais qui pointe fermement vers un endroit précis. Elle était cette épine dans votre main, à peine visible, mais qui vous rappelle sa présence à chaque mouvement.

La pétition signée fut transmise à Madame Ramet, avec la lettre qu'elle m'avait demandé de rédiger. Et, quelques semaines plus tard, l'assistante sociale plaidait mon cas au bureau départemental de l'A.S.E. de Metz.

Elle évoqua tout d'abord l'aveuglement d'une administration qui était passée de la noble cause de protection de l'enfance à une politique de transfert systématique des enfants placés, laquelle ne prenait pas en compte la réalité émotionnelle du terrain. La famille d'accueil, chez qui l'enfant avait trouvé un nouvel équilibre, n'était pas consultée. Pire, l'opinion de celui qu'on déplaçait était jugée secondaire. Ces retraits étaient pratiqués en dépit du bon sens.

– C'est le cas pour le petit Laurent, Monsieur le Directeur, auquel je souhaiterais éviter un énième transfert abusif. Après avoir été déplacé maintes fois comme un paquet, il a enfin trouvé des parents et des sœurs qui l'aiment. Une maison qu'il appelle son « chez lui ». Il y vit heureux depuis deux ans. J'ai ici la lettre que ce petit garçon de sept ans vous adresse. Ce sont ses mots. Le genre de mots auxquels nos services font la sourde oreille depuis trop longtemps. Il vous implore, Monsieur le Directeur, de ne pas autoriser ses parents biologiques à le faire transférer en région parisienne dans une autre famille d'accueil, sous prétexte qu'elle est plus proche de chez eux. Ils ont ignoré leur fils pendant sept ans, comme ils ont ignoré ses deux sœurs aînées, placées elles aussi. Et, aujourd'hui, sous prétexte de toucher quelques allocations supplémentaires pour des visites hypothétiques, ils sont prêts à enlever au petit Laurent le peu d'amour qu'il a enfin trouvé. Alors, je sais que l'ASE est gérée par l'État, mais la Lorraine a toujours fait preuve d'innovation en matière économique et sociale et d'une hauteur de vue que peu d'autres départements partagent, comme le prouve cette pétition des habitants de Meisenthal qui, eux aussi, désirent que Laurent reste dans leur village. Nous en appelons à votre cœur, Monsieur le Directeur, de Lorrains à Lorrain. Lisez la lettre que le petit Laurent vous adresse et, en votre âme et conscience, rendez votre jugement.

L'assistante sociale remit ses documents à un assesseur qui les transmit au directeur.

– Merci pour votre éloquence, Madame Ramet. Je vous promets d'étudier ce dossier avec la plus grande attention.

Quelques semaines plus tard, la décision tombait. Madame Ramet avait tenu parole. Elle avait obtenu gain de cause. J'allais rester à Meisenthal, au sein de ma famille de cœur. Ce précédent Paris-province allait faire jurisprudence sur un certain nombre de dossiers difficiles jusqu'à ce que la loi se penche enfin sur la question, quelque dix années plus tard.

Mais, au niveau local, les conséquences allaient être toutes autres.

Un matin, alors que je sortais de chez moi pour me rendre à l'école, j'aperçus la voiture de mon géniteur garée le long de la D83. Accompagné de deux compagnons de beuverie, il s'était mis en tête de me kidnapper. À sa démarche chancelante, je compris aussitôt qu'il était aussi saoul que ses complices. Mais ils étaient trois grandes personnes et j'étais tout seul. La situation prit tout de suite une tournure violente, tant physiquement que verbalement. Heureusement, mon père de cœur, qui gardait toujours un œil sur moi, travaillait au jardin quand il m'entendit crier.

Tel un diable qui sort de sa boîte, il surgit de derrière la maison, un râteau à la main. Prêt à frapper, il le fit tournoyer au-dessus de sa tête, en s'avançant vers les intrus. La silhouette de Lucien était impressionnante et ses mains... ses mains étaient aussi grandes que son visage. Des mains de boulanger. Aussi, la bande d'ivrognes se découragea très vite. Mon géniteur vociféra quelques menaces à notre encontre et se réfugia très vite dans sa voiture avec ses complices. Quelques secondes plus tard, ils étaient partis.

Mon père de cœur jeta un regard aux alentours pour repérer des témoins éventuels. La voisine lui fit signe qu'il pouvait compter sur elle. Il la remercia d'un hochement de tête et se tourna vers moi. Le fauve était redevenu papa. J'étais au sol, terrorisé, et il me releva délicatement en disant :

– C'est fini, Laurent. T'as pas peur. C'était juste des paroles d'ivrognes.

Le jour même, Lucien et la voisine se rendirent à la gendarmerie pour porter plainte et témoigner. D'une certaine façon, cet esclandre s'avéra bénéfique car il rendait irrecevable toute nouvelle tentative de mon géniteur pour faire transférer mon dossier vers l'Île de France. Aux yeux de la loi, il était désormais un homme violent, qui buvait et qui avait, pour passif, une tentative d'enlèvement.

Cela n'empêcha pas les gendarmes, pendant une longue période, de me surveiller discrètement, matin et soir, sur le chemin de l'école. J'avais pour consigne de ne pas traîner en route, de toujours prendre le même itinéraire, et de ne m'arrêter sous aucun prétexte.

La plupart du temps, je courais. Je courais comme un diable entre l'école et la maison. La peur vous fait faire des choses folles. Je courais aussi vite que Steve Austin dans *L'Homme qui valait trois milliards*. Je traversais le petit sentier qui longeait la voie ferrée et l'ancienne gare désaffectée. C'était un chemin sûr, loin des routes mais très à découvert. En plein village, avec des maisons tout autour...

À bout de souffle, je ralentissais pour passer sous le vieux tunnel en ruines (Steve Austin ralentit aussi, parfois !) Et, en sortant, je redevenais l'homme bionique jusqu'à la maison. Dans ces sprints déjantés qui me faisaient franchir le mur du son, mon cartable me tapait dans le dos. Et j'imaginais déjà toutes mes affaires scolaires brinquebaler dans tous les sens. *Bling-bling-ploc-bling...*

Tout cela eut, bien entendu, des conséquences sur mon parcours scolaire. Difficile de se concentrer sur ses tables de multiplications, quand on a une épée de Damoclès au-dessus de la tête. La peur d'être enlevé par mon géniteur était toujours présente. L'école et la maison étaient les seuls havres de paix où je me sentais en sécurité.

La maîtresse du cours élémentaire, Mademoiselle Céline, avait bien compris que j'étais en difficulté et que mes préoccupations étaient bien loin du régime alimentaire des Gaulois. Chez elle, j'étais placé tout devant et ses regards étaient pleins de gentillesse.

Il y avait quelque chose de maternel dans son attitude. Un jour, elle nous a demandé de construire des phrases avec l'auxiliaire « avoir » au passé composé. La mienne était : *« Mon père de cœur a acheté une voiture pour 69 francs ».* Je la vois encore éclater de rire et me dire en souriant :

– Ta phrase est juste, Laurent, mais il faudra que ton père de cœur me dise où il a acheté sa voiture à ce prix-là !

J'étais incapable de répondre, mais il n'y avait pas de moquerie dans cette remarque, juste de la tendresse. Je me sentais bien dans son cours. Notre maîtresse ne faisait pas de différence entre les enfants dits de « bonnes familles » et ceux du bout de la rue. Elle n'était pas sensible aux origines sociales et géographiques de ses élèves, contrairement au maître d'école qui allait la remplacer l'année suivante.

Celui à qui Lucien avait rappelé les valeurs de l'école républicaine ne manquait pas une occasion de me le faire payer. Depuis mon premier jour de CM1, il m'avait catalogué comme « enfant à problèmes » et relégué au dernier rang avec « ceux qui ne doivent pas déranger ».

Le Maître était sûrement très instruit mais, indéniablement, la compréhension, l'aide et l'empathie n'étaient pas ses matières fortes. Il voulait que je maîtrise l'Histoire alors que j'avais déjà du mal avec la mienne. Ses chouchous étaient placés devant. Les fameux enfants de « bonnes familles » pouvaient déranger la classe, faire les fanfarons, ils n'étaient jamais sanctionnés. Ceux du bout de la rue, comme moi, se faisaient humilier dès que l'occasion se présentait :

– De loin, il a l'air beau, ton croquis, Laurent, se moqua l'instituteur en prenant tout le monde à témoin. Mais, quand on s'approche, on voit bien que c'est n'importe quoi.

Les rires de mes camarades me firent plus de mal qu'un coup de règle. Ils allaient m'accompagner toute la vie durant.

11

Un petit coin de paradis

J'avais un monde secret : *Les rails* ! Le seul lieu qui, bizarrement, ne me faisait penser à rien d'autre qu'aux jeux et aux aventures fabuleuses. Avec quelques amis fidèles et ma Sœur Corinne, nous avions créé notre petit univers, un monde d'enfants, à l'écart de celui des grandes personnes.

À cette époque, la place du village n'était qu'un terrain vague. Et, après les grosses pluies, se formait une mare géante que nous traversions sur nos BMX de cross en créant de grandes gerbes d'eau, de chaque côté de nos vélos. Une façon adolescente de sauter dans les flaques. Nous avions l'impression de traverser la Mer Rouge, comme Moïse dans *« Les Dix Commandements »*.

On faisait des barrages sur le ruisseau, pour voir jusqu'où on pourrait retenir l'eau. Puis on y trempait nos pieds, assis sur le petit pont de bois. On jouait dans les champs avec des talkies-walkies et on partait en expédition d'espionnage jusqu'au vieux tunnel de la voie de train désaffectée. Je l'avais emprunté tant de fois dans mes courses folles entre l'école et la maison que je le connaissais par cœur. Mais ses ruines devenaient instables et la municipalité avait fini par en condamner l'accès. Sur l'énorme grille, un panneau prévenait : « Danger de Mort ».

La mission consistait à franchir cette ligne de démarcation et à pénétrer sous le dôme, sombre et froid. Il y avait des blocs au sol, tombés de la voûte. Mais ce danger-là était tellement émoustillant ! Les plus peureux d'entre nous rebroussaient chemin. J'étais toujours le premier à traverser, pour impressionner mes copains.

L'été sentait bon le bois coupé. Et l'on pouvait entendre, à travers tout le village, les lames de la scierie trancher les troncs :

« *ziiiiiimmm* », « *ziimmmmmmm* ». Du coup, ça nous donnait des idées : pourquoi ne pas nous construire une cabane dans les arbres, comme *Robin des Bois* ? Les clous viendraient de la quincaillerie du coin, le marteau, de la boîte à outils de mon père de cœur ; quant au bois, les déchets de la scierie sauraient bien nous en fournir ! Et, pour nous donner des forces pendant les travaux, rien de tel que les briques de lait au chocolat de la boucherie.

Dans nos jeux, la cabane se faisait château, une branche taillée, la meilleure épée jamais forgée. Les arbres se transformaient en géants et les talus en forteresses imprenables… Après avoir taillé en pièces des Fougères Rebelles avec nos lames flamboyantes et nos pistolets laser, nous repartions à bord de nos souches-vaisseaux pour regagner la Terre, car il fallait rentrer pour goûter.

Et là, Corinne et moi, on se faisait disputer par nos parents parce qu'on avait encore sali nos vêtements. Mais on avait sauvé le monde en repoussant une horde de Fougères Rebelles !

Dans ce petit coin de paradis, inaccessible au « qu'en dira-t-on », je devenais un petit enfant comme les autres. Mes amis n'étaient pas nombreux, ils n'étaient pas de « bonne famille », mais ils étaient là, sans jugement. Avec eux, comme avec mes sœurs de cœur, je pouvais être moi, dans mon imperfection. Nous sommes tous des imperfections, des milliards d'imperfections qui cherchons juste à être nous-mêmes.

12

Mes sœurs et moi

Marie et Lucien déployèrent tous leurs efforts pour que je garde contact avec mes sœurs biologiques. Ils disaient que c'était important de conserver ce lien en dépit de nos parents, que nous étions tous les trois victimes de la même injustice et qu'aucun d'entre nous n'avait à en subir les conséquences. Nous avions été placés dans des familles géographiquement proches, dans les villages alentour, mais nos vies étaient trop différentes !

Même si nos parents de cœur faisaient en sorte que nous puissions nous voir, il y avait toujours cette gêne qui nous empêchait de construire quelque chose. Loin d'être un avantage, nos racines communes étaient un obstacle. Au bout du compte, nous ne partagions que nos géniteurs. Il n'y avait pas ce lien fraternel qui vous unit autour d'une famille aimante, ce temps passé ensemble, ces chamailleries et ces rigolades.

Nous avons essayé, vraiment ! Mais il manquait cette impulsion de départ que connaît chaque fratrie : des voyages, des vacances et des noëls communs, les mêmes grands-parents qui vous prennent sur leurs genoux.

Nous n'avions rien de tout cela.

De plus, dans nos petites communes aux familles standards, nous étions devenus la curiosité locale. Cette attraction malsaine alimentait les ragots. Nos ressemblances physiques étaient mesurées, comparées. Une fratrie disloquée, éparpillée dans la région ne pouvait que déranger. Ça ne correspondait pas aux critères en vigueur des… « bonnes familles ».

Cette pression sociale nous poussa à faire cavalier seul et finit par nous transformer en parfaits inconnus. Devenus trop différents, nous n'avions plus rien à nous dire et, peu à peu, nous nous sommes perdus de vue. Au fond, je crois que, continuer de nous fréquenter, nous ramenait systématiquement à cet enfer de la petite maison grise. Se voir revenait à revivre ces instants douloureux. La seule façon d'avancer pour nous était de rayer définitivement cette période de nos vies, ce qui voulait dire nous rayer nous.

En acceptant de ne plus nous voir, de porter chacun un petit bout de notre fardeau, nous avons dépassé cet enfer. Et, depuis ce temps-là, j'ai cessé d'être leur petit frère. Les circonstances du passé ont fait de moi un solitaire. Il y a eu trop de courts-circuits, de cœurs-circuits entre nous, pour qu'un véritable lien fraternel puisse réapparaître un jour. Mais, chaque fois que je lève les yeux vers les étoiles, je ne peux m'empêcher d'imaginer que peut-être, mes sœurs et moi, nous les regardons ensemble.

13

À la recherche de la malchance perdue

Cinq années s'étaient écoulées sans que le moindre incident ne vienne perturber ma vie au village. J'avais douze ans et j'étais persuadé que la chance marchait enfin à mes côtés.

Mais la Mort ne dort pas. Elle fait semblant.

Un matin, après de fortes pluies, le tunnel de la voie désaffectée dans lequel nous avions l'habitude de jouer étant enfants, s'est effondré. Cette voûte sous laquelle nous, agents secrets du FBI, mesurions notre courage en poursuivant les espions communistes, n'était plus qu'un tas de pierres au fond d'un gouffre énorme.

L'incident attira des badauds par dizaines pour apprécier le spectacle. Ce n'est pas tous les jours qu'il se passe quelque chose d'aussi exceptionnel à Meisenthal et je dois avouer que c'était une sacrée crevasse.

Fasciné par les engins de chantier, les pelleteuses, grues et autres camions bennes, je venais souvent le soir, en rentrant du collège, observer les engins en action. Je m'imaginais un jour les conduire et, comme ils étaient au fond du gouffre, je m'approchais du bord pour mieux voir…

– Recule, petit, tu es trop près ! hurla une voix.

Avant que je puisse réagir, une main ferme me saisit par le bras et me tira fermement en arrière. Je perdis l'équilibre pour me retrouver les quatre fers en l'air. En levant les yeux, j'aperçus le monsieur qui était intervenu. Il était plus inquiet pour moi que fâché. Mais, pour m'obliger à reculer, il avait pris ma place. Et l'instant d'après, le sol se déroba sous ses pieds. À ce moment précis, nos regards se croisèrent. Puis son corps alla s'écraser sur les rochers une vingtaine de mètres plus bas.

Il était mort à ma place, sous mes yeux. Dès lors, une nouvelle question agitait mon esprit : quand la chance marche à vos côtés, cela veut-il dire que ceux qui vous entourent en sont privés ?

Aux cauchemars habituels, s'ajoutait à présent le regard de mon sauveteur qui semblait toujours me prévenir d'un danger imminent. Des événements qui, autrefois, auraient pu me sembler anodins, prenaient une signification nouvelle. Je voyais le danger partout et j'avais même la conviction que j'en étais l'origine. Je changeais de trottoir pour ne pas croiser les gens, de peur qu'il leur arrive quelque chose. Si je tombais de vélo avec une simple écorchure, je m'attendais à ce qu'un accident mortel se produise autour de moi. Cela tournait à l'obsession. Il a fallu que la malchance me retrouve enfin pour que cette paranoïa s'arrête.

L'incident se produisit au collège La Paraison de Lemberg, pendant la récréation du matin. J'avais acheté des croissants à la coopérative et, en en mettant un en bouche, mon appareil dentaire céda. Le tout descendit dans ma trachée, provoquant un arrêt brutal de ma respiration. En quelques secondes, je devins bleu. Le surveillant, qui possédait un brevet de secouriste, intervint en pratiquant la manœuvre de Heimlich. Positionné derrière moi, il plaça ses mains liées entre mon nombril et mon sternum et pressa fortement vers le haut. Le croissant fut expulsé, libérant une partie de mes voies respiratoires, mais l'appareil resta coincé. Les pompiers intervinrent et m'emmenèrent à l'hôpital de Strasbourg où l'on m'opéra.

Même si l'épisode était douloureux, je ne pus m'empêcher d'y voir un retour à la normale. Personne, autour de moi, n'avait eu à prendre ma place. Cette malchance était à moi. Et à moi seul.

14

D'un autre ventre

Cloué à mon lit d'hôpital loin de ma famille de cœur, mes démons refirent surface. La privation de liberté me ramena à l'orphelinat. L'odeur d'éther à son docteur et mes cauchemars s'imbibèrent d'alcool à 90 degrés. Mon esprit se mit à broyer du noir. Et une soif de vengeance vint y faire son nid.

Celle qui m'avait volé mon enfance, celle qui en avait fait une errance dans les couloirs de *La Providence*, des tribunaux et des innombrables bureaux où j'avais dû me raconter, encore et encore, ma mère, pour l'appeler par son nom, n'était pas au chevet de son fils, comme toutes les mamans du monde.

Elle ne m'avait rien donné d'autre que de la tristesse, un petit bus jaune et quelques tablettes de chocolat. À cause d'elle, j'avais dû subir toutes ces questions idiotes et ces réflexions d'un autre âge, j'avais dû courber l'échine sous prétexte qu'un enfant ne sait pas, qu'un enfant ne sait rien...

J'ai commencé à imaginer cette autre existence que j'aurais pu avoir si j'étais né d'un autre ventre. Ce n'est pas que ma vie avec Marie, Lucien et mes sœurs de cœur me déplaisait, mais mon esprit ne s'interdisait rien. Et les questions affluaient... Aurais-je eu des grands-parents, des oncles et des tantes, des cousines et des cousins si une autre femme m'avait mis au monde ? Aurais-je eu plus d'amis qu'aujourd'hui ? Moins de réflexions à l'école ? Moins de gens qui me montrent du doigt ?

À force de me poser des questions, étendu sur mon lit, il ne fallut pas longtemps pour que je glisse vers le pays des songes. Vers ce moment où le temps perd sa consistance, l'espace aussi. On passe du collège à la maison en un battement de cils et, quand on se retourne, on est dans sa ville natale.

Cette nuit-là, je me suis retrouvé à Bitche, au pied de la citadelle. Dans la cuisine de ma première maison. La lumière vacillait encore et les hurlements de mon père faisaient trembler mes sœurs. L'odeur de pisse dans laquelle nous dormions assaillait mes narines. L'instant d'après, j'étais face à ma mère, à l'orphelinat. Face à cette femme que je n'arrivais plus à appeler « maman ». Ankylosée par tout le mal qu'elle m'avait fait, elle se tenait là, devant moi, à quelques centimètres. Je pouvais sentir son souffle froid, son regard gangrené de honte, rongé par les mensonges. Elle ressemblait à une poupée de cire, avec ses épaules tombantes et ses cheveux ternes.

De toutes mes forces, j'ai essayé de l'approcher, de lui parler, de la toucher… mais, plus j'essayais, plus son corps suintait le remords. Je me devais de rester fort devant elle et de ne rien laisser transparaître.

Autour de nous, les couloirs de *La Providence* se dissolvaient, laissant place au néant ; pas aux ténèbres, non, pas même à l'obscurité. Au néant. À rien.

Il n'y avait plus que nous deux.

L'émotion me gagnait. Je résistais.

Le parfum de cette femme m'enveloppait, comme une ultime tentative de séduction maternelle, un espoir désespéré de regagner le contrôle sur la chair de sa chair, sur le sang de son sang. Je devinais sa souffrance. Devinait-elle la mienne ?

Il me fallait en finir, avant de succomber. Alors, j'ai pris mon courage à quatre mains, celles du Moi Petit que j'avais été et celles du Moi Grand que je voulais devenir. Je l'ai serrée fort contre moi, si fort... qu'elle est morte étouffée. Étouffée d'amour.

En coupant ce cordon qui nous liait, cette dernière attache ombilicale à mon passé, j'ai pu naître à nouveau, sans mère. Je me suis réveillé, transi de froid et de sueur sur mon lit de douleur... Il était trois heures du matin. L'aube d'un jour nouveau, l'aube d'une vie nouvelle.

Ce matin-là, j'eus la surprise d'une visite inattendue : une camarade de classe à laquelle je n'étais pas insensible et que je n'avais pas osé aborder jusqu'ici. De tous ceux qui avaient assisté à l'incident du collège, elle seule s'était inquiétée pour moi au point de venir me voir. Et cela valait tous les antalgiques du monde.

Ce moment où je vois apparaître son visage dans l'entrebâillement de la porte est à jamais gravé dans mon cœur. Il porte le joli nom de Faustine.

Faustine allait me donner envie de grandir. Sa petite voix, si douce, me procurait une sensation de légèreté un peu comme un chant d'hirondelle au matin. Elle était mon petit rayon de soleil à moi ! Une sorte d'amitié de cristal, si pure et pourtant si fragile. Grâce à elle, le temps allait passer beaucoup plus vite.

Le jour de mes quinze ans, ma parole devint recevable en justice. Je me rendis donc au tribunal, accompagné de Lucien, Marie, Cathy et Corinne, avec pour but de changer d'identité, de passer mon Moi Petit à la broyeuse. Et j'expliquai au juge avec passion pourquoi je voulais porter le nom de ma famille de cœur. Il m'écouta attentivement, puis s'adressa à moi en ces termes :

– Je comprends ton point de vue, mon garçon. Et, compte tenu des circonstances, à ta place, je crois que j'agirais de même. Mais tes parents biologiques sont en droit de s'opposer à ton changement de patronyme. Et ils l'ont fait savoir par écrit.

La déception que provoqua chez moi cette nouvelle mit à bas toutes mes certitudes. Cette façon qu'avaient mes géniteurs de mettre systématiquement mon bonheur en porte-à-faux me laissa sans voix. Et je me surpris à baisser la tête comme autrefois. Mon père de cœur le remarqua et redressa mon menton en murmurant :

– Nous n'avons pas besoin d'un passeport pour partager le même nom de famille, Laurent.

Mon regard se porta alors vers lui, puis vers ma mère et mes sœurs de cœur. Toutes hochaient la tête en signe d'approbation.

Avant de lever la séance, le juge se tourna vers Marie et Lucien et ajouta :

– Il vous reste la possibilité de l'adoption plénière, messieurs dames, laquelle rompt tout lien de filiation et tout contact entre l'enfant et ses parents de naissance.

Ils échangèrent un regard, puis Marie prit la parole.

– Mon mari et moi ne souhaitons pas rompre ce lien, Monsieur le juge. Du reste, nous ne l'avons jamais fait.

– Je comprends, fit le magistrat. Dans trois ans, tu seras majeur, Laurent. Ce sera à toi d'en décider.

Trois ans... Le vilain petit canard allait avoir trois ans pour se préparer, trois ans pour construire son propre chemin. Chose incroyable, pour la première fois de ma vie, j'étais fier. Fier de mon Moi Grand que le juge avait écouté. Je pouvais regarder en arrière, sans gêne. J'avais traversé des montagnes d'embûches, de préjugés, de regards de travers et de rires en coin, mais j'étais toujours là.

Les transformations physiques suivirent. Guérir mon âme avec mon corps. Tel était mon plan. Je m'inscrivis dans une salle de sport et, peu à peu, mes muscles se développèrent, faisant disparaître mon Moi Petit. Plus je gagnais en force, plus mon esprit s'affermissait. Chaque poids arraché au sol, je le dédiais à un monstre du passé. Chaque effort chassait un démon. La salle devint mon échappatoire, le chemin de ma rédemption, ma nouvelle religion. Je préparais ma métamorphose, en toute discrétion, kilogramme par kilogramme. En quelques mois, mes bras devinrent plus larges que les cuisses des enfants de « bonne famille ». Et leur regard sur moi changea. Ces langues de vipères qui chantaient l'amour et la compassion le dimanche, mais qui médisaient le reste de la semaine, me craignaient à présent.

Décidément, ils avaient encore faux !

Faustine savait, elle, que je n'aurais jamais pu faire de mal à une mouche. Même à une mouche prétentieuse qui m'avait toujours méprisé.

15

Mon père de cœur, ce héros silencieux

De temps en temps, il m'arrive de me regarder dans un miroir.

Mon visage commence à changer. Chaque matin je me découvre différent. Dans mon cas, il n'y a pas de photo de grand-père ou d'arrière-grand-mère. Je ne peux donc pas me comparer à untel ou à une telle. J'aurais bien aimé pouvoir sortir de vieux albums de famille et chercher, au fil des pages, des traits de ressemblance avec un ancêtre dont le visage me semblerait soudain familier. Vous avez tous les yeux de quelqu'un, le menton d'un autre, le talent de celui-ci ou la grâce de celle-là...

Moi non.

Les traits de caractère d'une famille sont un détail pour celui qui en possède une, mais pour celui qui en est dépourvu, c'est une question envahissante. Le passé restera toujours pour moi une vague lueur dans la nuit, comme ces lumières de la ville qui se reflétaient dans mes yeux sur la route de l'orphelinat.

Je n'ai que le présent comme histoire. Mes ancêtres sont autour de moi. Et je prie chaque jour le bébé en plâtre de Sœur Gabrielle pour qu'il ne leur arrive rien.

Je n'avais que dix-sept ans lorsque mon père de cœur est tombé malade. Après un long combat, inégal et laissant peu de place à une quelconque victoire… il est mort. Nous avions tant de choses à faire ensemble !

Lucien était un homme simple et discret, toujours dans la maîtrise mais qui, en un instant, pouvait se transformer en ogre si, par malheur, on s'en prenait à ses proches. Son enfance avait été similaire à la mienne. Nous n'avions donc pas besoin de longs discours pour nous comprendre.

Un regard suffisait. Et son dernier regard les valait tous.

Le jour de ses obsèques, il faisait beau. Ses amis et ses clients étaient tous là, pour l'accompagner sur son dernier chemin. Avec mes sœurs de cœur, nous soutenions Marie. Elle était dévastée, sachant qu'elle ne le verrait plus, une fois rentrée à la maison.

Au moment des condoléances, un homme de « bonne famille » est venu vers moi. Pensant me réconforter, il a posé sa main sur mon épaule et m'a dit :

– C'est une grande perte pour Marie et ses filles… Pour toi, ce n'est pas si grave, ce n'était pas ton père…

En quelques mots, il avait réussi à me blesser plus encore.

Orphelin dans ma deuxième vie, je me suis senti obligé de quitter le cimetière, emportant avec moi ce chagrin qu'on me contestait. J'avais envie de hurler mais, par respect pour Lucien, je me suis tu.

Ma mère et mes sœurs de cœur m'ont regardé partir, mais je n'ai jamais osé leur répéter ce que m'avait dit cet homme.

En rentrant chez moi, j'étais plein de doutes et de regrets. Toutes ces années, passées aux côtés de mon père de cœur, sans prendre le temps de lui dire ce que je ressentais pour lui ! Cette manie absurde que l'on a de remettre ce genre de conversation à plus tard, comme si les gens qu'on aime étaient immortels. J'aurais voulu lui témoigner tout mon amour, le remercier de tout ce qu'il avait fait pour moi. Si seulement j'avais su que sa perte allait être si douloureuse, je l'aurais aimé cent fois plus fort ! Je ne l'aurais pas lâché d'une semelle, je serais allé pétrir la pâte avec lui à la boulangerie, avant d'aller à l'école.

La vie nous a volé ces instants précieux. Mais je sais maintenant que quelque part, là-haut, il me regarde et me guide à travers mes songes. Toutes ces années, j'ai appris à lui ressembler et il vit à présent dans chacune de mes expressions et dans mon caractère. Il existe en moi. Et, par amour pour lui, je suis devenu cet homme juste et droit qu'il voulait que je sois. Il ne s'est pas trompé sur moi. Je suis quelqu'un de bien et je le resterai, comme celui qu'aujourd'hui j'ose appeler « mon père ».

FIN

Remerciements

C'est tellement beau d'être soi-même.

Mais chaque combat pour le devenir laisse toujours des traces. La guérison ne nous appartient pas. On doit la laisser au temps. Le bonheur n'est pas un droit, mais j'aime à croire que c'est un long chemin. Ce chemin, j'ai pu l'emprunter grâce une inconnue qui est devenue ma mère.

Merci maman, merci papa, merci mes sœurs.

Merci Lucien et Marie Buchheit. Sans vous, je n'aurais pas réussi à surmonter tout ça. Mes parents de cœur ne m'ont pas donné la vie, non. Ils m'ont *sauvé* la vie.

Une pensée particulière pour Monique et Tonton qui m'ont appris le bonheur. Pour Messieurs Jean Seitlinger et Roger Boudinet qui se sont battus à mes côtés pour que je reste au village. Et pour Mademoiselle Céline et Madame Ramet qui ont tout fait pour protéger mon Moi Petit…

Merci, Faustine, où que tu sois, toi qui m'as appris que mes imperfections pouvaient plaire à quelqu'un.

J'ai longtemps porté en moi l'envie de coucher mon histoire sur le papier, sans oser me lancer. Je ne remercierai jamais assez René Manzor d'avoir guidé ma main dans l'écriture avec bienveillance et professionnalisme dans le cadre de ses master classes.

Un grand merci également à Laurence, mon éditrice, et aux Éditions du Loir d'avoir cru en ce projet et de lui avoir donné vie.

En racontant cette histoire, j'ai tenté de vous faire pénétrer dans l'esprit d'un enfant dont les parents se détournent. Ce premier rejet est le pire qui soit. Quand vos propres parents vous abandonnent, c'est que vous ne valez pas grand-chose.

Orphelin, je n'étais pas. J'avais un père et une mère.

Mais étais-je leur fils pour autant ?

Table des matières

numérique

Impression & brochage - France

Numéro d'impression : N26685211007 - Achevé d'imprimer : novembre 2021

IMPRIM'VERT®

Certifié PEFC

Ce produit est issu de forêts gérées durablement et de sources contrôlées

PEFC™
10-31-3532

www.pefc-france.org

Composition et mise en pages :

CONTINENTAL
— MÉDIAS —